Das Recht

des

Bürgerlichen Gesetzbuchs

in

Einzeldarstellungen.

XII.

Dr. Heinrich Buhl,

Das Recht der beweglichen Sachen.

Berlin 1901.

J. Guttentag, Verlagsbuchhandlung,

G. m. b. H.

Das Recht der beweglichen Sachen

nach dem

Bürgerlichen Gesetzbuche

Von

Dr. Heinrich Buhl,
ord. Professor in Heidelberg.

Berlin 1901.
J. Guttentag, Verlagsbuchhandlung,
G. m. b. H.

Inhalt.

I. Die Sachen.

§ 1.

1. Begriff der Sache. Bestandteile. Sachgesamtheit.

I. Sachen im Sinne des Bürgerlichen Gesetzbuchs sind nur körperliche Gegenstände (§ 90), d. h. Dinge der Außenwelt, die an sich geeignet sind, Objekt, Gegenstand eines Rechtes zu sein. Ihnen stehen gegenüber die unkörperlichen Gegenstände, an denen Rechte bestehen können. Als solche betrachtet das Gesetzbuch auch das Recht selbst, indem es anders als das römische Recht Rechte an Rechten anerkennt (Nießbrauch §§ 1068 ff., Pfandrecht §§ 1273 ff.).[1]) Dieser Sprachgebrauch, der einigermaßen an die römische Gegenüberstellung von res corporalis und incorporalis erinnert, ist nicht glücklich gewählt: es empfiehlt sich nicht, für die Dinge, woran Rechte bestehen, und für die Rechte selbst die gleiche Bezeichnung zu gebrauchen. Auch scheint der Sprachgebrauch nicht immer streng festgehalten: unter den Haushaltsgegenständen z. B., die der Mann an Stelle nicht mehr vorhandener oder wertlos gewordener Stücke anschafft (§ 1382), die dem überlebenden Ehegatten als Voraus zufallen (§ 1932), die von den Familienangehörigen des Erblassers nach seinem Tode noch dreißig Tage lang benutzt werden dürfen (§ 1969), sind sicher nur Sachen zu verstehen.[2]) Die Vorschrift des § 90 hätte füglich gestrichen werden können, wie es in der zweiten Kommission aus guten Gründen beantragt war.[3])

II. Jede Sache, nicht nur die zusammengesetzte, sondern auch die einfache, kann wegen der Teilbarkeit der Materie körperlich geteilt werden. Diese Teilung geschieht entweder durch Zerlegung der ganzen Sache in einzelne Stücke, sodaß das bisherige Ganze aufhört zu sein (z. B.

---

[1]) Hierher gehört auch der Ausdruck Nachlaßgegenstand, der ein zum Nachlasse gehöriges Vermögensrecht bezeichnet, z. B. §§ 1959, 1973, 1992.

[2]) Ebenso im Falle des § 1640 Abs. 1.

[3]) Protokolle Band III, S. 1.

völliger Abbruch eines Schiffes, Abfüllen eines Fasses Wein in Flaschen, Zerstückelung des geschlachteten Tieres) oder durch bloße Ablösung von Teilstücken, sodaß das Ganze, wenn auch vermindert fortbesteht und daneben diese Teilstücke vorhanden sind (z. B. Entfernung der Takelung beim Umbau des Segelschiffs in ein Dampfschiff, Abzapfen eines Liters aus dem Faß, Abpflücken von Früchten, Brechen von Steinen im Steinbruch). Die durch solche Teilung entstehenden Stücke sind selbständige Sachen und können Gegenstand besonderer Rechte sein; bis dahin sind sie lediglich Teile des Ganzen gewesen. Das Bürgerliche Gesetzbuch bezeichnet sie als Bestandteile.

> §. 953: Erzeugnisse und sonstige Bestandtheile einer Sache gehören auch nach der Trennung dem Eigenthümer der Sache, soweit sich nicht aus den §§ 954 bis 957 ein Anderes ergiebt; vgl. §§ 954, 956, 957; § 955: Erzeugnisse und sonstige zu den Früchten der Sache gehörende Bestandtheile; § 99: Gewinnung von Bodenbestandtheilen, die gewonnenen Bodenbestandtheile; vgl. §§ 1120—1122.

Nun läßt sich aber von Teilen einer Sache reden, nicht nur nach erfolgter Trennung für die Zeit nach rückwärts,[1]) sondern auch so lange der Zusammenhang besteht. Für diesen Zeitraum hebt das Gesetzbuch die wesentlichen Bestandteile hervor:

> § 93: Bestandtheile einer Sache, die von einander nicht getrennt werden können, ohne daß der eine oder der andere zerstört oder in seinem Wesen verändert wird (wesentliche Bestandtheile) können nicht Gegenstand besonderer Rechte sein.

Ergänzt wird dieser allgemeine Grundsatz durch Sondervorschriften für einzelne Fälle (§§ 94, 946, 947, 997 Abs. 1).

a) Bei beweglichen Sachen werden wesentliche Bestandteile bei der Verbindung (adiunctio) erwähnt: sie sind vorhanden, wenn mehrere bewegliche Sachen dergestalt zu einer einheitlichen Sache verbunden worden sind, daß ihre Trennung nicht mehr ohne Zerstörung oder Wesensänderung möglich ist (§§ 947, 93).

Dagegen spricht bei der Vermengung fester oder der Vermischung flüssiger Körper das Gesetzbuch nicht von wesentlichen Bestandteilen, sondern von vermengten oder vermischten Sachen (§ 948).

---

[1]) Vgl. Windscheid, Pandekten, Band I § 142 Nr. 1: Der Begriff des Teils in diesem Sinne bezieht sich auf die Vergangenheit, nicht auf die Gegenwart der Sache.

[2]) Vgl. auch Motive zu E. I, § 892, Band III, S. 359 ff.

b) Bei einem Grundstücke werden wesentliche Bestandteile die beweglichen Sachen, die mit ihm in der angegebenen Weise verbunden werden (§§ 946, 93). Auch ohne Rücksicht darauf, ob die Trennung nur mit Zerstörung oder Wesensänderung möglich ist, werden wesentliche Bestandteile des Grundstücks die mit dem Grund und Boden fest verbundenen Sachen, insbesondere Gebäude, ferner die eingesetzten Pflanzen, der ausgesäte Samen. Erzeugnisse sind wesentliche Bestandteile,[1]) so lange sie mit dem Boden zusammenhängen (§ 94). Überhaupt nicht Bestandteile des Grundstücks sind alle Sachen, die nur zu einem vorübergehenden Zwecke mit dem Grundstücke verbunden werden, einschließlich der betreffenden Gebäude, der Pflanzen, die z. B. nur für den Sommer eingesetzt werden, des Samens, der etwa nur zum Ankeimen eingelegt worden ist. Gebäude und sonstige Werke sind ferner auch dann nicht Bestandteile des Grundstücks, wenn sie in Ausübung eines Rechts an einem Grundstücke von dem Berechtigten mit dem Grundstücke verbunden worden sind (§ 95 Abs. 1).

c) Bei Gebäuden werden wesentliche Bestandteile die zu deren Herstellung eingefügten Sachen (§ 94 Abs. 2); dagegen sind überhaupt nicht Bestandteile des Gebäudes solche Sachen, die nur zu einem vorübergehenden Zwecke eingefügt sind (§ 95 Abs. 2).

d) Die unwesentlichen Bestandteile werden im Gesetzbuche nirgends ausdrücklich erwähnt. Als solcher erscheint z. B. ein Grundstück, das einem anderen Grundstücke im Grundbuch als Bestandteil zugeschrieben worden ist (§. 890, Grundbuchordnung § 5). Auch Anlagen auf einem Grundstücke können unwesentliche Bestandteile sein, wenn sie z. B. der Eigentümer zwar zu einem dauernden Zwecke angebracht aber nicht fest mit dem Grundstücke verbunden hat (§§ 95, 94, 997).

2. All den verschiedenen Beispielen von Bestandteilen während der Dauer des Zusammenhangs ist gemeinsam, daß zu einer vorhandenen Sache, sei es durch Rechtsgeschäft, wie beim Zuschreiben im Grundbuche, sei es durch sonstiges menschliches Thun, wie beim Bauen, Pflanzen, Aussäen, Verbinden, sei es durch Naturvorgänge, wie bei der natürlichen Aussaat, dem Wachsen von Früchten, entweder eine

[1]) Nach dem ersten Entwurfe wurde auch der durch Naturgewalt losgerissene und mit einem anderen Grundstücke vereinigte Erdkörper unter Umständen wesentlicher Bestandteil (E. I, § 786). Die zweite Kommission hat diese Bestimmung gestrichen (Protokolle, Band III, S. 12 ff.).

bisher selbständige Sache oder, wie bei der Frucht, ein Ding, das nach seiner wirtschaftlichen Bestimmung eine solche Sache werden kann, hinzukommt und beide miteinander ein zusammengesetztes Ganzes bilden. Hierzu paßt die Begriffsbestimmung Windscheid's,[1]) wonach unter Bestandteil der Teil als Stück einer zusammengesetzten Sache, welches Stück mit den anderen Stücken der Sache ein einheitliches Ganzes bildet,[1]) zu verstehen ist.

Das Gesetzbuch braucht anscheinend den Ausdruck Bestandteile in einem doppelten Sinne: einmal in dem weiteren von Teilen, in die jede Sache durch körperliche Teilung zerlegt werden kann (§§ 953 bis 957,[2]) dann in dem engeren von Stücken einer zusammengesetzten Sache. Nur in dieser zweiten Bedeutung ist das Wort verwendet, wenn das Gesetzbuch von wesentlichen Bestandteilen spricht. Dagegen sind bei nicht zusammengesetzten Sachen während des körperlichen Zusammenhangs überhaupt nicht Bestandteile zu unterscheiden, weder wesentliche noch unwesentliche. Dementsprechend redet das Gesetzbuch bei der Vermischung und Vermengung nicht wie bei der Verbindung von Bestandteilen, sondern von den vermischten und vermengten Sachen (§ 948; vgl. §§ 946, 947).

3. Wesentliche Bestandteile können nicht Gegenstand besonderer Rechte sein (§ 93). An ihnen ist also weder ein getrenntes Eigentum, noch auch ein beschränktes dingliches Recht, z. B. eine Dienstbarkeit oder ein Pfandrecht möglich. Dagegen ist ein Teilbesitz, namentlich an gesonderten Wohnräumen oder sonstigen Räumen anerkannt (§ 865). Die bisherigen Rechte an der Sache erlöschen, wenn sie als wesentlicher Bestandteil mit einer anderen verbunden wird (§§ 946, 947, 949) und sie leben auch nicht wieder auf, wenn die Sache wieder losgelöst wird.[3])

Die Motive[4]) sind überzeugt, daß durch den aufgestellten allgemeinen Grundsatz das Gesetz an Einfachheit und Klarheit gewinnen

---

[1]) Windscheid, Pandekten, Band I, § 142 Nr. 3. Überhaupt haben Windscheid's Pandekten für den ersten Entwurf oft eine ähnliche Bedeutung wie Pothiers Traité des obligations für das Obligationenrecht des Code civil.

[2]) § 752 spricht von gleichartigen Teilen, in die sich ein Gegenstand (Sache oder Recht) zerlegen läßt. Vgl. Regelsberger, Pandekten, Band I, § 96, I: „Die Gleichheit der Art, die aus der Gleichheit der Gebrauchsbestimmung folgt, unterscheidet den Teil vom Bestandteil.“

[3]) Vgl. jedoch wegen der Pfändung von Früchten auf dem Halm CPO. § 810.

[4]) Band III, S. 41.

muß. Jedoch ist diese Erwartung nicht in Erfüllung gegangen, schon jetzt bestehen zahlreiche Meinungsverschiedenheiten und Zweifel über zahlreiche Einzelheiten wie über grundsätzliche Fragen.[1])

Unglücklich gewählt ist schon die von den Motiven für unbedenklich erklärte Bezeichnung „wesentliche Bestandteile“,[2]) da hierunter der gewöhnliche Sprachgebrauch solche versteht, die das Wesen der Sache, zu der sie gehören, ausmachen oder doch dafür erheblich sind.[3]) Es wird nicht einleuchten, weshalb z. B. bei einem Grundstücke zwar jedes Unkraut nach § 94 zu den wesentlichen Bestandteilen gehören soll, dagegen nicht das Grundstück, das ihm als Bestandteil zugeschrieben worden ist.[4])

Ferner läßt die Begriffsbestimmung in § 93 zu wünschen übrig. Es ist unklar und unbestimmt, was unter der Veränderung des Wesens zu verstehen sei, und die Zerstörung kann nicht nur einen Bestandteil, sondern auch das Ganze betreffen. Die Abgrenzung zwischen wesentlichen und unwesentlichen Bestandteilen ist unsicher.

Endlich bestehen auch Bedenken gegen die juristische Regelung. Die Zweckmäßigkeit des allgemeinen Grundsatzes ist recht fraglich: er kann z. B. bei der Verbindung zu unnötigen Härten führen. Es hätte sich mehr empfohlen, statt zu verallgemeinern, vielmehr für die Folgen der Verbindung und für die Verfügungen über die Sache im Ganzen oder ihre einzelnen Teile besondere Vorschriften aufzustellen.

Auch die unwesentlichen Bestandteile teilen regelmäßig das rechtliche Schicksal der Sache, der sie angehören. Aber dies ist nicht notwendig; es sind an ihnen auch Sonderrechte möglich. Daher können an ihnen selbständige Rechte bestellt werden und die an einer Sache bestehenden Rechte erlöschen nicht notwendig dadurch, daß sie mit einer anderen Sache als unwesentlicher Bestandteil verbunden wird.

Dafür läßt sich anführen der aus § 93 zu entnehmende Schluß auf das Gegenteil, von dem allerdings bei dem Bürgerlichen Gesetz-

---

[1]) Vgl. z. B. Eck, Vorträge I, S. 104 Anm. 1, S. 100 Anm. 2; Endemann, Einführung, Band I, S. 232 Anm. 1; Lehrbuch, Band I, S. 236, Anm. 1.

[2]) Sie erinnert an den fehlerhaften Ausdruck: „rechtsähnliche Verhältnisse“ in E. I. § 1, der wie fast der ganze Inhalt des mit Recht beseitigten Paragraphen dem badischen Landrecht (Satz 4a: „Rechtsähnlichkeit“) entlehnt ist.

[3]) Über Substanzteile s. Preuß. Landr. I, 2. §§ 4. 5.

[4]) Vgl. auch Eck, Vorträge, I, S. 104.

buche nur sehr vorsichtig Gebrauch gemacht werden darf. Entscheidend erscheint alsdann § 997 Abs. 1:

Hat der Besitzer mit der Sache eine andere Sache als wesentlichen Bestandtheil verbunden, so kann er sie abtrennen und sich aneignen.

Wenn hier dem Besitzer sogar ein Recht auf Wegnahme wesentlicher Bestandteile zuerkannt ist, so muß er jedenfalls auch die unwesentlichen Bestandteile wegnehmen dürfen, die er mit der herauszugebenden Sache verbunden hat. Daß ihm nicht auch diese Befugnis ausdrücklich beigelegt worden ist, erklärt sich sehr einfach daraus, daß er in diesem Falle Eigentümer des Bestandteils geblieben ist.

4. Bei den einfachen nicht in dem ausgeführten Sinne zusammengesetzten Sachen sind Sonderrechte an einzelnen Sachteilen nicht möglich. Daher giebt es z. B. kein Sondereigentum an den Gliedern eines Tieres, den Teilen eines Stückes Tuch. Bei der Vermischung von Flüssigkeiten, die verschiedenen Eigentümern gehören, kann nur Alleineigentum oder Miteigentum nach Anteilen entstehen (§§ 948, 947); an dem gefällten Grenzbaum haben die Grundstücksnachbarn Miteigentum zur Hälfte, nicht nach Sachteilen (§ 923 Abs. 1). Die Regel gilt auch für die Teile eines einheitlichen Grundstücks. Daher ist der Grundstücksteil, der mit einem Rechte belastet werden soll, von dem Grundstück abzuschreiben und als selbständiges Grundstück einzutragen; nur bei Dienstbarkeiten und Reallasten kann diese Abschreibung unterbleiben, wenn keine Verwirrung zu befürchten ist (Grundbuchordnung § 6).

III. Von den Bestandteilen, aus denen eine Sache zusammengesetzt sein kann, ist zu unterscheiden das Zubehör, d. h. Sachen, die nicht Sachteile sind, aber in dem Sinne zu einer Hauptsache gehören, daß sie mit ihr zusammen ein wirtschaftliches Ganzes ausmachen. Die Hauptsache kann unbeweglich oder beweglich, die Zubehörsache kann anders als nach gemeinem Rechte[1]) nur beweglich sein.

Damit eine Sache zum Zubehör wird, ist erforderlich, daß eine Sache, die im Verkehre als Zubehör betrachtet wird, dazu bestimmt worden ist, den wirtschaftlichen Zwecken der Hauptsache dauernd zu dienen und daß sie außerdem in ein entsprechendes räumliches Verhältnis zu der Hauptsache gebracht worden ist. Diese Bestimmung

---

[1]) L. 91 § 3 de leg. III (32).

kann nicht nur durch den Eigentümer oder Eigenbesitzer, sondern auch durch einen dinglich oder obligatorisch berechtigten, z. B. einen Nießbraucher, Pächter,[1]) Mieter getroffen werden. Wird die Sache nur vorübergehend für die wirtschaftlichen Zwecke einer anderen verwendet, so wird sie nicht zum Zubehör.

Die Beweislast ist nach der Fassung dieser Vorschriften dahin geregelt, daß, wer die Zubehöreigenschaft behauptet, nur beweisen muß, daß die Sache „bestimmt ist, den wirtschaftlichen Zwecken der Hauptsache zu dienen, und in einem dieser Bestimmung entsprechenden räumlichen Verhältnisse steht.“[2]) Der Gegner kann dann seinerseits beweisen, daß die Bestimmung keine dauernde gewesen ist oder daß die Sache im Verkehr nicht als Zubehör gilt.

Erläuternde Beispiele zu der allgemeinen Vorschrift des § 97 enthält § 98. Danach ist bei gewissen Sachen anzunehmen, daß sie bestimmt seien, den wirthschaftlichen Zwecken der Hauptsache zu dienen; sie sind also Zubehör, wenn die sonstigen Voraussetzungen der Zubehöreigenschaft vorliegen. Hierzu gehören bei einem Landgute das zum Wirtschaftsbetrieb bestimmte Gerät und Vieh, die zur einstweiligen Fortführung der Wirtschaft bis zur nächsten Ernte erforderlichen Erzeugnisse, der vorhandene auf dem Gute gewonnene Dünger. Bei Gebäuden, die zu einem Gewerbebetriebe dauernd eingerichtet sind, wie z. B. Fabriken, Mühlen, Brauhäusern, Schmieden gehören hierher die zum Betriebe erforderlichen Maschinen und sonstigen Gerätschaften.

Obgleich das Zubehör kein Bestandteil der Hauptsache ist, teilt es regelmäßig dessen rechtliches Schicksal. Die Verpflichtung zur Veräußerung oder Belastung der Hauptsache erstreckt sich im Zweifel auch auf das Zubehör (§ 314). Bei dem Vermächtnisse einer Sache ist ihr Zubehör im Zweifel mitvermacht (§ 2164). In der gleichen Weise erstreckt sich auf das Zubehör die Veräußerung eines Grundstücks (§ 926), die Bestellung und Aufhebung eines Nießbrauchs an einem Grundstück (§§ 1031, 1062) oder eines dinglichen Wohnungsrechts (§ 1093), die Einräumung eines dinglichen Vorkaufsrechts an einem Grundstück (§ 1096), der Vorbehalt eines Wiederkaufsrechts (§ 498). Bei der Fahrnisgemeinschaft gehört zum unbeweglichen Vermögen

---

[1]) Vgl. §§ 586, 588.

[2]) Planck, Kommentar zu § 97 Anm. 8; Henle-Fischer zu § 97 Anmerkung 4, 6.

mit den eingebrachten und anfallenden Grundstücken auch das Zubehör (§ 1551).

Endlich erstreckt sich die Hypothek, die Grundschuld und Rentenschuld und das Schiffspfandrecht auch auf das dem Eigenthümer der belasteten Sache gehörige Zubehör (§§ 1120, 1192, 1265). Von einer Zwangsversteigerung werden die im Besitze des Schuldners befindlichen Zubehörstücke betroffen, auch wenn sie einem Dritten gehören, wofern er nicht vor dem Zuschlag seine Rechte geltend gemacht hatte (RG. über die Zwangsversteigerung §§ 55, 37, 162).

Die Zubehöreigenschaft endigt nicht durch blos vorübergehende Trennung des Zubehörstücks von der Hauptsache, dagegen erlischt sie, wenn das räumliche Verhältnis, das sie begründet hatte, dauernd aufgehoben wird, so z. B. wenn die Zubehörstücke von dem Grundstücke dauernd entfernt werden. Auch dadurch kann diese Eigenschaft beseitigt werden, daß den Sachen eine andere wirtschaftliche Bestimmung gegeben wird.

Besonders geschützt ist der Gläubiger bei einer Hypothek, Grundschuld und Rentenschuld. Ihm gegenüber werden Zubehörstücke durch Aufhebung der Zubehöreigenschaft nur frei, wenn sie innerhalb der Grenzen ordnungsmäßiger Wirtschaft vor der Beschlagnahme geschehen ist; ohne diese Beschränkung werden sie frei, wenn sie veräußert und vom Grundstück entfernt werden, bevor sie zu Gunsten des Gläubigers in Beschlag genommen worden sind. Sind sie erst nach der Beschlagnahme entfernt worden, so kann der Gläubiger seine Rechte nur geltend machen, wenn er beweist, daß der Erwerber bei der Entfernung die Beschlagnahme kannte oder kennen mußte; sind sie noch nicht weggebracht, so kann sich der Erwerber dem Gläubiger gegenüber nicht darauf berufen, daß er unverschuldet von der Hypothek nichts gewußt habe, da sie ja aus dem Grundbuche ersichtlich ist (§§ 1121, 1122, 936, 873).

IV. Das Bürgerliche Gesetzbuch kennt als Gegenstand von Sachenrechten nur die einzelnen, einfachen oder zusammengesetzten Sachen, nicht auch Sachgesamtheiten, d. h. eine Mehrheit von selbständigen Sachen, die zu einem Ganzen zusammengefaßt sind, wie z. B. eine Herde, eine Büchersammlung, ein Warenlager. Daher besteht namentlich Eigentum und Besitz nicht an dem Ganzen, sondern lediglich an den einzelnen Stücken. Immerhin ist die Zusammenfassung solcher Sachen zu einem wirtschaftlichen Ganzen, das vom Gesetzbuche nach dem Vorgange des preußischen Landrechts als Inbegriff bezeichnet wird, auch nicht ohne juristische Bedeutung. Es können Sachen durch ihre Zugehörigkeit zu einem solchen Sachinbegriff, z. B. zu einem Warenlager, zu verbrauchbaren Sachen werden (§ 92); besondere Vorschriften sind aufgestellt für den Nießbrauch an einem Inbegriff (§ 1035) und namentlich für das Gutsinventar (§§ 587, 588, 589, 1048, 1378, 2111).

§ 2.

2. Arten der Sachen.

I. Am wichtigsten ist die Einteilung der Sachen in unbewegliche und bewegliche. Unbewegliche Sachen sind die Grundstücke mit ihren wesentlichen und außerwesentlichen Bestandteilen.

Bewegliche Sachen sind die übrigen Sachen. Zu ihnen gehört auch das Zubehör der Grundstücke (§ 97), wenngleich es, so lange die Zubehöreigenschaft dauert, in wichtigen Beziehungen das rechtliche Schicksal des Grundstücks teilt.

Zweifelhaft und nicht unbestritten ist die rechtliche Stellung von beweglichen Sachen, die mit einem Grundstücke verbunden sind, ohne dabei zu Bestandteilen der Liegenschaft geworden zu sein. Dahin können unter anderem Bauten oder sonstige Anlagen gehören, die ein Nießbraucher oder Pächter hat herstellen lassen (§ 93). Da sie weder Grundstücke noch Teile eines solchen sind und auch kein selbstständiges Blatt im Grundbuch erhalten, so sind auf sie die Vorschriften über die dinglichen Rechte an Grundstücken nicht anwendbar. Es wird daher z. B. das Eigentum an ihnen nicht durch Auflassung und Eintragung ins Grundbuch (§§ 873, 925), sondern durch Übergabe erworben (§ 929), wobei dem redlichen Erwerber die Vorschriften über den Erwerb im guten Glauben zu statten kommen können (§§ 934, 935). Hypothek, Grundschuld, Zwangsversteigerung sind ausgeschlossen.

Andererseits wird man sie aber in gewissen Beziehungen dem Rechte nicht der beweglichen, sondern der unbeweglichen Sachen zu unterstellen haben: so wird z. B. die Miete eines solchen Gebäudes wie die Miete eines Grundstücks aufzufassen sein.[1])

II. Als Arten der beweglichen Sachen werden die vertretbaren und verbrauchbaren Sachen erwähnt.

---

[1]) Vgl. Eck, Vorträge I, 106 ff.

1. Vertretbare Sachen sind solche, die im Verkehr nach Zahl, Maß oder Gewicht bestimmt zu werden pflegen (§ 91)[1]). Zu ihnen gehört namentlich das Geld; außerdem z. B. Getreide, Kohlen, Spiritus, Petroleum, auch Wertpapiere (§ 783). Nur vertretbare Sachen können Gegenstand eines Darlehens (§ 607), eines uneigentlichen Verwahrungsvertrags (§ 700), einer Anweisung (§ 731) sein; werden sie in eine Gesellschaft eingebracht, so werden sie im Zweifel gemeinschaftliches Eigentum der Gesellschafter (§ 706). Der Werklieferungsvertrag gilt nur dann schlechthin als Kauf, wenn die zu liefernde Sache vertretbar ist (§. 651).[2])

Da die Vertretbarkeit von der Vekehrsübung abhängt, so bildet sie eine objektive Eigenschaft der Sache. Es können aber die Parteien in einem Falle, wo eine vertretbare Sache geschuldet wird, festsetzen, daß nicht eine beliebige Sache der betreffenden Gattung, sondern eine einzeln bestimmte Sache zu leisten sei. Bei der Hinterlegung vertretbarer Sachen hat der Verwahrer im Zweifel die erhaltenen Sachen selbst zurückzugeben (vgl. §§ 695, 700). Dies gilt namentlich auch, wenn Wertpapiere, außer Banknoten und Papiergeld, einem Kaufmann unverschlossen zur Verwahrung oder als Pfand übergeben werden. Der Kaufmann hat sie gesondert aufzubewahren und die empfangenen Papiere selbst zurückzugeben, wenn er nicht durch eine ausdrückliche schriftliche Erklärung ermächtigt worden ist, über die Papiere zu verfügen oder statt ihrer gleichartige Papiere zurückzuerstatten (RG. betr. die Pflichten der Kaufleute bei Aufbewahrung fremder Wertpapiere vom 5. Juli 1896 §§ 1, 2).

Umgekehrt kann auch die Verpflichtung zur Leistung einer nicht vertretbaren Sache in der Weise bestimmt werden, daß nicht eine einzelne Sache, sondern nur die Gattung und die Zahl bezeichnet wird, wobei dann der Kreis der Sachen, aus dem die zu leistende auszuscheiden ist, enger oder weiter gezogen sein kann. Dabei sind dann mangels einer anderweiten Bestimmung Sachen von mittlerer Art und Güte zu leisten (§ 243).

2. Verbrauchbare Sachen sind bewegliche Sachen, deren bestimmungsmäßiger Gebrauch in dem Verbrauch oder in der Veräußerung besteht (§ 92), wie z. B. Nahrungsmittel, Brennstoffe, Geld,

[1]) Vgl. l. 2 § 1 de RC. (12, 1): Mutui datio consistit in his rebus, quae pondere, numero, mensura consistunt; § 3 eod.

[2]) Nach Handelsrecht auch wenn die zu liefernde Sache nicht vertretbar ist (HGB. § 381 Abs. 2).

Banknoten, dagegen nicht auch Zins- und Gewinnanteilscheine (vgl. §§ 1392, 2116) oder die blos abnutzbaren Sachen, wie Kleidungsstücke, Wäsche, Arbeitsgerät. Diese Verbrauchbarkeit ist eine objektive Eigenschaft der Sachen, die von der Verkehrsanschauung, nicht von der Bestimmung abhängt, die der Eigentümer seiner Sache gegeben hat. So sind z. B. Möbel nicht verbrauchbare Sachen, weil sie der Eigentümer zum Verbrennen bestimmt hat, wohl aber können sie durch Verarbeitung zu Brennholz in verbrauchbare Sachen verwandelt werden. Schuldverschreibungen, Pfandbriefe, Aktien u. s. w. gehören nicht zu den verbrauchbaren Sachen, auch dann nicht, wenn sie in der Absicht der Weiterveräußerung erworben worden sind.

Nach Absatz 2 des § 92 gelten als verbrauchbar auch bewegliche Sachen, die zu einem Warenlager oder zu einem sonstigen Sachinbegriffe gehören, dessen bestimmungsmäßiger Gebrauch in der Veräußerung der einzelnen Sachen besteht. Die hier angeführten Sachen zählen also nach § 92 Abs. 1 an sich zu den nicht verbrauchbaren, werden aber unter bestimmten Voraussetzungen wie solche behandelt. Sie erlangen diese Eigenschaft nicht als dauernde und zufolge der Verkehrsgewohnheiten, sondern als vorübergehende und durch die Bestimmung, die ihnen der Eigentümer gegeben hat.

Erheblich wird der Begriff der verbrauchbaren Sachen namentlich wenn sie Gegenstand eines Nutzungsrechtes sind. Der Nutzungsberechtigte kann entweder über sie verfügen, so z. B. der Ehemann bei dem gesetzlichen Güterstande über die zum eingebrachten Gute gehörigen verbrauchbaren Sachen seiner Frau (§§ 1376, 1377), der Vater oder, wenn ihr die elterliche Gewalt zusteht, die Mutter über die zum unfreien Vermögen der Kinder gehörenden verbrauchbaren Sachen (§§ 1653, 1686); oder er wird gar Eigentümer, gegen die Verpflichtung, beim Ende seines Rechtes Ersatz in Geld zu leisten, wie der Nießbraucher (§§ 1067, 1075, 1084).

§ 3.

3. Früchte.

I. Früchte[1]) einer Sache kennt das Gesetzbuch nicht nur bei Sachen, sondern auch bei Rechten.

Früchte einer Sache sind:

1. Ihre Erzeugnisse, ohne Rücksicht darauf, ob sie als Ertrag

[1]) Vgl. Reichel, Begriff der Frucht, Jahrb. für Dogmatik, Band XLII, S. 264 ff.

im Sinne ordentlicher Bewirtschaftung anzusehen sind, also z. B. bei Grundstücken alle darauf wachsenden Pflanzen, bei Waldungen sämtliche Bäume, nicht nur das Schlagholz, bei Obstpflanzungen nicht nur das Obst, sondern auch die Bäume selbst, bei Tieren u. a. Milch, Wolle, Dünger.

2. Die sonstige Ausbeute, welche aus der Sache ihrer Bestimmung gemäß gewonnen wird, wie z. B. Mineralien, Steine aus dem Steinbruch, Mineralwasser. Auch hier braucht die Nutzung nur bestimmungsgemäß nicht auch in den Grenzen ordentlicher Wirtschaft zu erfolgen; auch kann durch die fortgesetzte Nutzung die Sache allmählich aufgebraucht werden, wie z. B. das Bergwerk oder der Steinbruch durch Abbau. Dagegen gehört nicht zu den Früchten, was durch Zerstörung oder Zerlegung der Sache gewonnen wird, wie z. B. Baumaterialien bei einem zum Abbruch übernommenen Hause, Fleisch, Talg, Haut bei Schlachttieren.

3. Die Erträge, welche die Sache mittelst eines Rechtsverhältnisses gewährt, wie z. B. Miet- und Pachtzinsen (§ 99).

Dieser Fruchtbegriff ist so weit ausgedehnt, daß gerade für einige Hauptfälle einschränkende Vorschriften nötig geworden sind. So braucht der Verpächter dem Pächter die Früchte nur zu gewähren, „soweit sie nach den Regeln einer ordnungsmäßigen Wirtschaft als Ertrag anzusehen sind“ (§ 581). Der Nießbraucher erwirbt zwar das Eigentum an allen getrennten Früchten, ist aber mindestens verpflichtet, für die im Übermaß gezogenen Früchte Ersatz zu leisten (§ 1039).[1]) Das Gleiche gilt für die gesetzliche Nutznießung des Ehemanns am eingebrachten Gute der Ehefrau (§§ 1383, 1525, 1550) und der Eltern am unfreien Kindesvermögen (§§ 1652, 1686). Auch für den gutgläubigen Besitzer und den Vorerben bestehen bestimmte Einschränkungen (§§ 993, 2133).

II. Früchte eines Rechts sind die Erträge, welche das Recht seiner Bestimmung gemäß oder vermöge eines Rechtsverhältnisses abwirft (§ 99 Abs. 2, 3). Die ersteren erscheinen als natürliche, die letzteren als bürgerliche Früchte des Rechts. Zu den natürlichen Früchten gehören nicht nur die Erzeugnisse, die der Nießbraucher oder Pächter erwirbt, sondern auch die Schuldzinsen, die der Gläubiger erhält. Bürgerliche Früchte können z. B. durch Verpachtung [2]) gewonnen werden.

---

[1]) Vgl. unten § 18.

[2]) § 835: Verpachtung des Jagdrechts.

Diese gekünstelten Vorschriften haben zur Folge, daß die gleichen Gegenstände je nach der Person der Bezugsberechtigten Früchte einer Sache oder eines Rechts sein können; so ist die Ernte eines Grundstücks Sachfrucht, wenn sie dem Eigentümer, Rechtsfrucht, wenn sie dem Nießbraucher oder Pächter zufällt (§§ 953, 954, 956; vgl. §. 101 Ziff. 1). Die Zinsen erscheinen nicht als eine Art von Frucht des Kapitals,[1]) sondern sie sind eine Frucht der Kapitalforderung, obgleich diese nicht auf Zahlung von Zinsen, sondern des Kapitals geht.[2]) Praktischen Schaden wird diese verfehlte theoretische Konstruktion kaum anrichten, dagegen enthält die übertriebene Ausdehnung des Fruchtbegriffes beim Nießbrauch und bei der gesetzlichen Nutznießung eine schwere und unnötige Gefährdung des Eigentümers, die durch Auferlegung der Erstattungspflicht nur gemildert aber durchaus nicht beseitigt wird.

III. Die Früchte sind, solange ihre Verbindung mit der fruchttragenden Sache dauert, wesentliche Bestandteile der Muttersache und können daher nicht Gegenstand eines besonderen Rechtsverhältnisses sein (§§ 953, 954, 956, 94).[3])

Noch weiter als der Begriff der Frucht reicht der der Nutzungen: zu ihnen gehören außer den Früchten auch „die Vorteile, welche der Gebrauch der Sache oder des Rechtes gewährt" (§ 100). Daß diese Vorteile aus dem Gebrauch einen Vermögenswert haben, ist an sich nicht erforderlich, und so gehört z. B. nicht nur das Bewohnen des Hauses, sondern auch das Spazierengehen im Garten zu den Nutzungen,[4]) die unter anderm dem Nießbraucher zukommen (§ 1030). Soweit es sich aber um die Herausgabe von Nutzungen handelt, kommen unter den Vorteilen aus dem Gebrauche nur solche in Betracht, die einen Vermögenswert besitzen: für sie ist dann Ersatz in Geld zu leisten. Sind Früchte herauszugeben, so kann der Pflichtige Ersatz für die Gewinnungskosten fordern, so weit sie einer ordentlichen Wirtschaft entsprechen und den Wert der Früchte nicht übersteigen (§ 102).

---

[1]) L. 30 pr. de adim. leg. (34, 4): reditus eius id est usuras; l. 34 de usur. (22, 1).

[2]) Vgl. l. 121 de V. S. (50, 16): Usura pecuniae, quam percipimus, in fructu non est, quia non ex ipso corpore, sed ex alia causa est, id est nova obligatione.

[3]) Wegen der Rechtsverhältnisse nach der Trennung (§§ 953 bis 957) vgl. unten § 9.

[4]) S. auch Planck, Kommentar zu § 100 Anm. 1.

Über die Fruchtverteilung zwischen mehreren aufeinander folgenden Fruchtberechtigten bestimmt das Gesetzbuch, daß jeder die Erzeugnisse und sonstigen zu den natürlichen Früchten der Sache gehörenden Bestandteile erhält, die während der Dauer seines Rechts von der Sache getrennt worden sind (§ 101 Ziff. 1).

II. Der Besitz.

§ 4.

1. Begriff und Arten des Besitzes.

I. Im Anschlusse an die Lehre Savignys hatte der erste Entwurf Besitz und Inhabung unterschieden. Inhabung ist die thatsächliche Gewalt über die Sache; sie wird zum Besitze nur, wenn zu ihr der Besitzwille, d. h. der Wille, die Sache als die seinige zu haben, hinzukommt (E. I, § 797). Die Inhabung entspricht demnach der gemeinrechtlichen Detention, der Besitz dem juristischen Besitze mit Aneignungswillen; Fälle eines abgeleiteten Besitzes waren nicht anerkannt. Dem Inhaber wird, ohne zwischen den einzelnen Fällen, z. B. zwischen dem Pfandgläubiger oder Nießbraucher und dem Knechte zu unterscheiden, in sehr weitem Umfange nicht nur das Recht zur Selbsthilfe gegen verbotene Eigenmacht, sondern auch der Anspruch auf Wiedereinräumung der Inhabung oder Wiederaufhebung einer Störung gewährt, der durch Besitzklage im Besitzprozesse zu verfolgen ist (E. I, §§ 815, 819—821).

Dieses sachlich wie in der Fassung verunglückte Besitzrecht ist von der zweiten Kommission wesentlich umgestaltet und verbessert worden. Das Erfordernis des Aneignungswillens ist aufgegeben und das Gebiet des Besitzes dahin erweitert, daß im allgemeinen jeder, der die thatsächliche Gewalt über die Sache hat, als Besitzer anerkannt ist (§§ 854, 872, 868). Ausgenommen ist der Besitzdiener, der an Stelle des Besitzherrn die thatsächliche Gewalt ausübt (§ 855). Der Besitzer hat gegen verbotene Eigenmacht das Recht der Selbsthilfe und Ansprüche wegen Entziehung oder Störung des Besitzes (§§ 859, 861, 862, 869); dem Besitzdiener ist nur die Ausübung des Selbsthilfeschutzes eingeräumt (§ 860).

II. Demnach kann Besitzer sein:

1. Wer eine Sache als ihm gehörend in seiner thatsächlichen Gewalt hat. Das Gesetzbuch bezeichnet einen solchen Besitzer als Eigenbesitzer (§ 872). Auf das Recht zum Besitze oder auf den

guten Glauben an das Recht kommt es nicht an; auch der Räuber und der Dieb sind Besitzer.

2. Besitzer kann aber auch sein, wer die Sache nicht als eigene, sondern als fremde innehat, sie sich nicht aneignen will, sondern anerkennt oder doch voraussetzt, daß sie nicht ihm gehört. Über ihn bestimmt § 868:

> Besitzt jemand eine Sache als Nießbraucher, Pfandgläubiger, Pächter, Mieter, Verwahrer oder in einem ähnlichen Verhältnisse, vermöge dessen er einem Anderen gegenüber auf Zeit zum Besitze berechtigt oder verpflichtet ist, so ist auch der Andere Besitzer (mittelbarer Besitz).

Zu unterscheiden von diesem Besitzmittler, der selbst den unmittelbaren Besitz der Sache hat, ist der Besitzdiener der nicht Besitzer ist, sondern nur die thatsächliche Gewalt an Stelle des Besitzers als des Besitzherren ausübt. Von ihm handelt § 855:

> Übt jemand die thatsächliche Gewalt über eine Sache für einen Anderen in dessen Haushalt oder Erwerbsgeschäft oder in einem ähnlichen Verhältnisse aus, vermöge dessen er den sich auf die Sache beziehenden Weisungen des Anderen Folge zu leisten hat, so ist nur der Andere Besitzer.

Die Auslegung dieser Vorschriften bietet manche Schwierigkeiten; die Abgrenzung zwischen Besitzdienerschaft und Besitzvermittlung ist in vielen Fällen leicht und sicher, in anderen bedenklich und zweifelhaft.

a) Nach der Fassung des § 855 erscheint als bloßer Besitzdiener, wer bei Ausübung der thatsächlichen Gewalt in einem Abhängigkeitsverhältnisse zum Besitzherrn steht. Demnach hat keinen Besitz, sondern bloße Inhabung der Dienstbote an den Sachen der Herrschaft, mit denen er zu hantieren hat, der Diener an der ihm nur zum Gebrauche überlassenen Livree, der Kutscher an den Pferden und Wagen seines Dienstherrn, der Arbeiter an den seinem Arbeitgeber gehörenden Gerätschaften, Werkzeugen, Maschinen, der Handlungsgehilfe an den im Laden befindlichen Waren; ferner der Buchhalter an den Geschäftsbüchern des Kaufmanns, der Kassirer an den Geldern, der Prokurist an Wechseln und Wertpapieren seines Prinzipals, auch wenn die Niederlassung, an der sie angestellt sind, von dem Wohnsitze des Geschäftsherrn weit entfernt ist. Auch der Handlungsreisende ist für die von ihm mitgeführten Musterkoffer, Waren u. s. w., die dem Prinzipal gehören, nur Besitzdiener.

Weiter gehören hierher Fälle des täglichen Lebens, in denen jemand die thatsächliche Gewalt über eine Sache hat, ohne Eigenbesitzer zu sein und ohne daß ein Abhängigkeitsverhältnis oder ein Verhältnis, das ihn nach § 868 zum unmittelbaren Besitzer macht, besteht. Beispiele sind: Jemand entleiht von seinem Nachbarn im Theater dessen Opernglas; der eine Reisegefährte nimmt auf dem Bahnhof die Sachen des andern, während dieser zum Schalter geht, an sich, um sie zu überwachen; ein Jäger nimmt den Hund eines verreisten Freundes mit auf die Jagd und dgl. In solchen und ähnlichen Fällen stehen die Beteiligten einander nicht als mittelbarer und unmittelbarer Besitzer gegenüber, sondern der eine ist Besitzherr, der andere bloßer Besitzdiener, als solcher aber, was praktisch Bedeutung haben kann, mindestens befugt, die Selbsthilferechte des Besitzers gegenüber verbotener Eigenmacht auszuüben (§§ 860, 859).

Endlich sind für ihre Person bloße Besitzdiener die Vorstände juristischer Personen, z. B. die Direktoren einer Aktiengesellschaft bei den in ihrer Inhabung befindlichen Sachen, die der juristischen Person gehören.[1]) Allerdings können sie daneben als die gesetzlichen Vertreter der juristischen Person deren Besitzrechte geltend zu machen haben (vgl. z. B. § 26, HGB. § 231, Genossenschaftsgesetz § 24). Auch der Beamte ist bei den dem Staate, der Gemeinde u. s. w. gehörenden Sachen Besitzdiener.

b) Zu den Besitzmittlern gehören außer den fünf in § 868 ausdrücklich aufgeführten Personen z. B. der Entleiher (§ 604), ferner der Unternehmer (§ 647) und der Beauftragte, wenn ihnen fremde Sachen zum Zwecke der Bearbeitung oder der Geschäftsbesorgung überlassen worden sind. Dabei kann es auf die Umstände des einzelnen Falles ankommen. So wird der Frachtführer Besitzer des bei ihm aufgelieferten Frachtgutes;[2]) beim Dienstmann ist Besitz anzunehmen, wenn er die Verbringung des Gepäcks in die Wohnung durch einen Werkvertrag übernimmt, dagegen ist er bloß Besitzdiener, wenn er neben oder hinter dem Reisenden einhergeht und dessen Sachen trägt. Wird ein Mantel in der Theatergarderobe gegen eine Marke abgegeben, so ist der Verwahrer nach § 868 Besitzer; übernimmt nur der Logenbeschließer die Obhut, so ist er Besitzdiener.

[1]) Vgl. auch Windscheid-Kipp, Pandekten, Band I, zu §§ 148—155, I, g, Dernburg, Bürgerl. Recht, Band III, Aufl. 2 § 14 Nr. 7.

[2]) Vgl. HGB. § 440.

Nach dem Handelsgesetzbuch kann der Kommissionär am Kommissionsgute (HGB. § 397), der Lagerhalter an den eingelagerten Sachen (HGB. § 421) Besitz haben. Hierher ist auch die Vorschrift in § 7 des Gesetzes über die Pflichten der Kaufleute bei Aufbewahrung fremder Wertpapiere vom 5. Juli 1896 zu ziehen, wonach an den von einem Einkaufskommissionär für fremde Rechnung angekauften Wertpapieren das Eigentum mit der Absendung des Stückeverzeichnisses auf den Kommittenten übergeht und für den Kommissionär bezüglich der in seinem Gewahrsam verbliebenen Stücke die Pflichten eines Verwahrers entstehen.

Es gehört hierher ferner der Besitz des Ehemanns an dem eingebrachten Gute der Ehefrau bei dem gesetzlichen Güterrechte (§ 1373; vgl. auch §§ 1525, 1550, 1443), der Eltern am unfreien Vermögen ihrer Hauskinder (§§ 1649, 1686), des Vormunds an den Mündelsachen, des Testamentsvollstreckers an den Nachlaßsachen (§ 2203), des gerichtlich bestellten Verwalters oder Verwahrers an Nießbrauchs- oder Pfandsachen (§§ 1052, 1217), des Gerichtsvollziehers an den von ihm gepfändeten Sachen (CPO. § 808), des Konkursverwalters an der Konkursmasse (KO. § 117).

Für diese Art des Besitzes hat das Gesetzbuch keinen besonderen Namen; man hat ihn als Fremdbesitz[1]) oder als Lehnbesitz,[2]) den Besitzer als Besitzvermittler[3]) bezeichnet. Bei den hierher gehörigen Fällen lassen sich Nutzbesitz[4]) und Verwaltungsbesitz[5]) unterscheiden. Nutzbesitz steht z. B. dem Nießbraucher, Pfandgläubiger, Mieter, dem zur gesetzlichen Nutznießung Berechtigten zu; Verwaltungsbesitz hat der Verwahrer, der Vormund, der Testamentsvollstrecker, Gerichtsvollzieher, Konkursverwalter u. s. w. Jedoch ist auch hier die Grenze nicht immer scharf zu ziehen und es kann auch die eine Art in die andere übergehen. So wird der Besitz des Nießbrauchers aus einem Nutzbesitz zu einem Verwaltungsbesitz, wenn er nach Beendigung seines Rechts in der Innehabung der Sache verbleibt, und umgekehrt kann der Verwaltungsbesitz des Beauftragten zum Nutzbesitze werden, wenn ihm an der Sache ein Zurückbehaltungsrecht zusteht (vgl. § 273).

1) Dernburg, Bürgerl. Recht, Band III, § 18.

2) Gierke, Bedeutung des Fahrnisbesitzes. S. 6 Anm. 10.

3) Bekker, Jahrbücher für Dogmatik, Band 34, S. 21.

4) Die Bezeichnung ist vorgeschlagen von Eck; vgl. Strohal, Jahrb. für Dogmatik, Band 29, S. 860, Anm. 22.

5) Strohal, a. a. O. S. 362.

3. Besitzer ist neben dem Fremdbesitzer auch derjenige, dem gegenüber dieser zum Besitze berechtigt oder verpflichtet ist; sein Besitz heißt mittelbarer Besitz (§ 868). So ist mittelbarer Besitzer neben dem Nießbraucher der Eigentümer, neben dem Pfandgläubiger der Verpfänder, neben dem Pächter oder Mieter der Verpächter oder Vermieter, neben dem Verwahrer der Hinterleger, neben dem Ehemann die Ehefrau, neben den Eltern das Kind, neben dem Vormunde der Mündel, neben dem Testamentsvollstrecker der Erbe u. s. w.

Ein solcher mittelbarer Besitz ist auch in mehreren Stufen übereinander möglich, wie z. B. wenn der Mieter die Mietssache untervermietet, der Verwahrer die ihm zur Aufbewahrung übergebenen Wertpapiere bei einem Bankier hinterlegt u. dgl. (§ 871).

III. Indem das Gesetzbuch den unmittelbaren und mittelbaren Besitz einer Sache nebeneinander zuläßt, hat es die Möglichkeit eines mehrfachen Besitzes an der gleichen Sache anerkannt. Außerdem kann auch eine Sache nach körperlichen Teilen gleichzeitig von mehreren besessen werden. Es kann dies namentlich bei Grundstücken und Gebäuden vorkommen: so besitzt z. B. jeder Mieter die ihm überlassenen Räume, den ihm zur ausschließlichen Benutzung überwiesenen abgetrennten Teil des Gartens, wo dann noch zu dem unmittelbaren Besitz der mehreren Mieter an den einzelnen Teilen der mittelbare Besitz des Vermieters an der ganzen Sache hinzutritt. Auch bei beweglichen Sachen ist ein solcher Besitz an getrennten Teilen möglich, so z. B. an besonders verschlossenen Brieffächern bei der Postanstalt, Abteilungen eines Geldschranks u. dgl.

Endlich können mehrere eine Sache oder einen Teil einer Sache gemeinschaftlich besitzen.[1]) Bei diesem Mitbesitze können die mehreren Besitzer Eigenbesitzer sein, wie z. B. Miteigentümer, Gesellschafter, die Ehegatten bei Gütergemeinschaft, Miterben; oder Fremdbesitzer, wie mehrere Mieter einer gemeinschaftlichen Wohnung; oder mittelbare Besitzer, wie z. B. die Miteigentümer, die eine gemeinschaftliche Sache zusammen verpfändet haben. Häufig kann neben dem Besitzmittler der mittelbare Besitzer zugleich den unmittelbaren Mitbesitz der Sache haben. So steht bei dem Nießbrauche an Inhaberpapieren und an Orderpapieren mit Blankoindossament dem Eigentümer und dem Nießbraucher der Besitz an dem Papier und dem Erneuerungsscheine gemeinschaftlich zu, während an den Zins- und Gewinnanteil-

[1]) Vgl. über die verschiedenen Möglichkeiten: Strohal, Jahrb. für Dogmatik, Band 38, S. 113 ff.

scheinen dem Nießbraucher der alleinige unmittelbare Besitz zukommt so daß bei ihnen der Eigentümer auf den mittelbaren Besitz beschränkt ist (§ 1081). Ein Faustpfand kann auch in der Art bestellt werden, daß der Verpfänder dem Pfandgläubiger nur den Mitbesitz, nicht den unmittelbaren Alleinbesitz einräumt, vorausgesetzt, daß sich die Sache in gemeinschaftlichem Verschluß befindet (§ 1206). In diesen Fällen haben der Eigentümer und der Nießbraucher oder Pfandgläubiger zusammen unmittelbaren Mitbesitz an der Sache, der Eigentümer außerdem auch noch den mittelbaren Besitz.

§ 5.

2. Erwerb und Verlust des Besitzes.

I. Erwerb und Verlust des Besitzes können jeder für sich allein durch besondere Thatbestände herbeigeführt werden, wie z. B. der Besitzerwerb durch Besitzergreifung an einer besitzlosen Sache, der Besitzverlust durch einfaches Aufgeben der thatsächlichen Gewalt (§ 856 Abs. 1). Es kann aber auch der gleiche Thatbestand zugleich für den einen den Verlust, für den andern den Erwerb des Besitzes zur Folge haben. Dabei können die beiden Beteiligten zusammenwirken, wie bei der Besitzübergabe, oder nur der eine Teil thätig werden, wie beim Diebstahl.

II. Erworben kann der Besitz werden:

1. Durch Erlangung der thatsächlichen Gewalt über die Sache:

§ 854 Abs. 1: Der Besitz einer Sache wird durch die Erlangung der thatsächlichen Gewalt über die Sache erworben.

Dies kann geschehen:

a) durch eigentliche handhafte Besitzergreifung, d. h. dadurch, daß der Erwerber sich der Sache in der Absicht, sie seiner thatsächlichen Herrschaft zu unterwerfen, bemächtigt.

Von dieser Besitzergreifung, durch die der Besitz erst erworben wird, ist zu unterscheiden die Ergreifung der thatsächlichen Gewalt durch jemanden, der schon Besitzer der Sache ist. Ein hierher gehöriger Fall findet sich in den §§ 2025, 2027, wo eine thatsächliche Ergreifung des Besitzes durch den Erben erwähnt wird, obgleich auf ihn schon mit dem Erbfalle der Besitz übergegangen ist (§ 857) Auch der in § 867 angeführten Besitznahme von Sachen, die auf ein Grundstück gelangt sind, kann der Besitzerwerb durch Erlangung der thatsächlichen Gewalt vorangegangen sein (§§ 1005, 869, 854).[1]) Auch beim Schatze ist es, namentlich wenn er sich in einer beweglichen Sache befindet, nicht ausgeschlossen, daß der Besitznahme nach § 984 ein anderweiter Besitzerwerb vorangegangen ist.

b) Auch ohne handhafte Besitzergreifung kann Besitz dadurch erworben werden, daß eine Sache in den Herrschaftsbereich jemandes gelangt, selbst wenn er davon keinerlei Kenntnis hat. So kann der Besitzer einer Sache auch Besitzer solcher Früchte werden, die ohne sein Wissen von der Muttersache getrennt, aber in seinem Machtkreise verblieben sind. Das Gleiche gilt für Früchte, die von einem Baume auf dem Nachbargrundstück auf sein Grundstück herübergefallen sind (§ 911). Besitz kann dadurch erlangt werden, daß jemanden unvermerkt Sachen in die Tasche gesteckt, für ihn in seiner Wohnung abgegeben werden. Ein solcher Erwerb ist auch für Kinder oder Geisteskranke möglich, die nach § 104 geschäftsunfähig sind. Wenn aber der Geschäftsunfähige den Besitz an Sachen erlangen kann, die ihm ein anderer zusteckt, der sich dadurch des Besitzes entäußert, so ist nicht einzusehen, weshalb er nicht auch Besitzer soll werden können, wenn er selbst eine Sache an sich nimmt.[2]) Demnach ist die Besitzergreifung zwar eine Rechtshandlung, d. h. eine von Rechtsfolgen begleitete menschliche Thätigkeit, aber kein Rechtsgeschäft, keine auf die Erzeugung von Rechtsfolgen gerichtete Willensbethätigung, die der Geschäftsunfähige nicht wirksam vornehmen kann. Die Bestimmung des ersten Entwurfs, wonach eine geschäftsunfähige Person nicht durch eigene Handlungen Besitz erwerben kann (E. I, § 800), ist von der zweiten Kommission gestrichen worden.[3])

2. Durch „Einigung“:

> § 854 Abs. 2: Die Einigung des bisherigen Besitzers und des Erwerbers genügt zum Erwerbe, wenn der Erwerber in der Lage ist, die Gewalt über die Sache auszuüben.

Diese Einigung ist gerichtet auf den Übergang des Besitzes; sie braucht nicht besonders erklärt zu werden, sondern sie kann und sie wird sich meist aus einem Rechtsgeschäfte ergeben, das zwischen den Beteiligten geschlossen wird. Eine solche Besitzübertragung durch Einigung wird namentlich bei offenen Grundstücken sehr häufig vor-

---

[1]) Vgl. Biermann, zu § 867 Anm. 1; a. A. Planck-Achilles, Kommentar zu § 867 Anm. 2b.

[2]) Anderer Ansicht Endemann, Einführung, Band II, S. 154 ff.

[3]) Vgl. Protokolle, Band III, S. 33.

kommen und sie kann hier in der Auflassung des Grundstücks (§§ 925, 873) mitenthalten sein. Ferner kann sie angenommen werden, wenn ein Ehegatte dem anderen Sachen schenkt, die sich in der gemeinschaftlichen Wohnung befinden; wenn ein Freund, der mit einem andern zusammen wohnt, diesem Sachen überläßt, die ihm bisher schon zugänglich gewesen sind.

a) Der gemeinrechtlichen Traditio brevi manu entspricht der Fall, wo der Besitzherr dem Besitzdiener den Besitz überläßt, wie z. B. wenn der Hausherr dem Diener die von diesem getragene Livree schenkt u. dgl.; hier erlangt durch diese Einigung der bisherige Besitzdiener den Besitz, während der Veräußerer seinen Alleinbesitz verliert. War dagegen der Erwerber als Nießbraucher, Pächter, Verwahrer u. s. w. bereits im Besitze der Sache, so wird er durch diese Einigung nicht erst zum Besitzer, wohl aber zum Alleinbesitzer, während der bisherige mittelbare Besitz des Veräußerers erlischt (vgl. § 929). Demnach findet ein Erwerb des Besitzes nur im ersten, nicht auch im zweiten Falle statt.

b) Auch das gemeinrechtliche constitutum possessorium hat wegen der veränderten Stellung des Besitzmittlers für die meisten hierher zu zählenden Fälle eine andere Bedeutung erhalten. Nach gemeinem Rechte kann Besitz unter Umständen dadurch übertragen werden, daß der bisherige Besitzer erklärt, fortan für einen anderen besitzen zu wollen. Er wird dadurch zum bloßen Detentor: der andere, für den er jetzt besitzt, ist der alleinige Besitzer.[1]) Dagegen bestimmt § 930:

> Ist der Eigentümer im Besitze der Sache, so kann die Übergabe dadurch ersetzt werden, daß zwischen ihm und dem Erwerber ein Rechtsverhältnis vereinbart wird, vermöge dessen der Erwerber den mittelbaren Besitz erlangt.

Demnach bleibt in einem solchen Falle der Vermittler anders als nach römischem Rechte noch Besitzer; nur ist er nicht mehr Alleinbesitzer, sondern Besitzmittler, neben ihn tritt der Erwerber als mittelbarer Besitzer.

Dem römischen Rechte würde ein Konstitut entsprechen, das den Erwerber zum Alleinbesitzer, den Veräußerer zum bloßen Besitzdiener macht. Der Fall wird im Gesetzbuche nirgends erwähnt, ist aber trotzdem nicht undenkbar. So kann z. B. der Arbeiter die von ihm

[1]) l. 18 pr. de poss. (41, 2).

mitgebrachten Gerätschaften an den Arbeitgeber verkaufen und sie als Besitzdiener zur Benutzung bei der Arbeit weiter behalten. Ein Verhältnis im Sinne des § 868 liegt hier nicht vor: soll aber zum Übergang des Besitzes und zur Übertragung des Eigentums erst noch eine Übergabe an den Dienstherrn erforderlich sein, der dann wieder sofort die Aushändigung an den Arbeiter folgen würde? Dies wäre denn doch ein unnötiger Umweg; vielmehr ist anzunehmen, daß die bloße Einigung genügt, um den Arbeitgeber zum Besitzherrn und damit zum Alleinbesitzer und Eigentümer, den Arbeiter zum Besitzdiener, entsprechend dem römischen Detentor, zu machen, auch wenn der Erwerber nicht in der Lage ist, nach Maßgabe des § 854 Abs. 2 die Gewalt über die Sache auszuüben.

3. Auch durch Erbfolge wird, anders als nach gemeinem Rechte, Besitz erworben:

§ 857: Der Besitz geht auf den Erben über.

Dieser Übergang des Besitzes findet, wie der Übergang der Erbschaft selbst mit dem Tode des Erblassers kraft Gesetzes statt. Eine besondere Erwerbshandlung ist nicht erforderlich; daß der Erbe nicht in der Lage ist, die Gewalt über die Nachlaßsachen auszuüben, schließt diesen Besitzerwerb nicht aus. So wird z. B. der in Deutschland lebende Erbe Besitzer der Nachlaßsachen, die der deutsche Erblasser im Innern Kameruns besessen hatte.

4. „Der mittelbare Besitz kann dadurch auf einen anderen übertragen werden, daß diesem der Anspruch auf Herausgabe der Sache abgetreten wird" (§ 870). Der abzutretende Anspruch ist der Anspruch auf Herausgabe, der dem mittelbaren Besitzer gegen denjenigen zusteht, der ihm gegenüber zum Besitze berechtigt oder verpflichtet ist (§ 868).

5. Im Handelsverkehre kann der mittelbare Besitz an Waren auch durch Übertragung der darüber ausgestellten Warenpapiere (Konnossemente, Ladescheine, Lagerscheine) übertragen werden (HGB. §§ 647, 450, 424; RG. über die Binnenschiffahrt (§ 26).

6. Besitz kann auch durch einen Vertreter erworben werden. Dabei sind verschiedene Fälle zu unterscheiden:

a) Unmittelbarer und alleiniger Besitz kann für einen anderen durch einen Gehilfen begründet werden, der in dem fremden Haushalt, Erwerbsgeschäft und dgl. beschäftigt ist und innerhalb dieses Verhältnisses die thatsächliche Gewalt über eine Sache für den andern erlangt. Willen oder Wissen des Geschäftsherrn ist nicht erforderlich und so kann auch für einen Geschäftsunfähigen auf solche Weise Besitz erworben werden. Der Besitz entsteht für den Geschäftsherrn in dem Augenblicke, in welchem der Besitzdiener die Inhabung erlangt.

b) Mittelbarer Besitz kann dadurch entstehen, daß der Vertreter in einem Verhältnisse, vermöge dessen er einem anderen gegenüber zum Besitze berechtigt oder verpflichtet ist, für diesen den Besitz ergreift. Beispiele sind: Der Pfandgläubiger ergreift Besitz an den Erzeugnissen der Pfandsache (§ 1212): hier wird er selbst unmittelbarer, der Eigentümer mittelbarer Besitzer. Der Vormund erwirbt dem Mündel den mittelbaren Besitz, wenn er für ihn Sachen in Besitz nimmt. Ebenso kann der Beauftragte dem Auftraggeber mittelbaren Besitz verschaffen. Ob dies auch dem Geschäftsführer für den Geschäftsherrn möglich sei, ist bestritten.[1]) Nun fehlt es hier allerdings an einem mit dem unmittelbaren Besitzer vereinbarten Verpflichtungsverhältnis auf spätere Herausgabe der Sache,[2]) aber immerhin liegt ein Verhältniß vor, vermöge dessen der Geschäftsführer dem Geschäftsherrn gegenüber zur dereinstigen Herausgabe verpflichtet ist und somit auch zur einstweiligen Verwahrung verpflichtet erscheint. (§§ 681, 667).

c) Bei der Ergreifung verlorener, aus dem Besitze des Verlierers gekommener Sachen[3]) durch den Finder sind verschiedene Fälle zu unterscheiden. Bemächtigt sich ihrer z. B. ein unredlicher Finder, der die Sache für sich behalten will, so erwirbt er wie ein Dieb den Eigenbesitz (§ 872). Nimmt sie ein Besitzdiener an sich, um sie dem Besitzherrn zurückzubringen, so entsteht für diesen Alleinbesitz. Findet sie jemand, dem der Auftrag zur Aufsuchung erteilt war, so erlangt er selbst den unmittelbaren, zugleich der Auftraggeber den mittelbaren Besitz. Das Gleiche gilt, wenn ein Finder die Sache ohne solchen Auftrag aufhebt, um sie dem ihm bekannten Verlierer auszuhändigen; hier erhält der Verlierer den mittelbaren Besitz, nicht weil der Finder kraft Gesetzes zur Verwahrung der Sache verpflichtet ist (§ 966), sondern weil er sie als Geschäftsführer an den Geschäftsherrn herauszugeben, und daher einstweilen zu verwahren hat (§§ 681, 667). Ist einem redlichen Finder der Verlierer unbekannt, so erlangt nur

---

[1]) Dagegen z. B. Endemann, Einführung, Band II, S. 126 ff., vgl. auch Strohal, Jahrb. für Dogmatik, Band 38, S. 24 ff.

[2]) Wie es Endemann a. a. O. für den mittelbaren Besitz fordert.

[3]) Durch das Verlieren im Sinne des § 965 wird der bisherige Besitz nicht notwendig aufgehoben, vgl. unten § 10.

der Finder Besitz, aber nicht Eigenbesitz. Findet der Mieter die gemietete Sache, deren Besitz für ihn und den Vermieter erloschen war, wieder, so entsteht mit seiner Besitzergreifung nicht nur für ihn der unmittelbare Besitz, sondern zugleich für den Vermieter der mittelbare Besitz aufs neue.

III. Wie der Besitz durch Erlangung der thatsächlichen Gewalt begründet werden kann (§ 854 Abs. 1), so kann er auch durch deren Verlust aufgehoben werden:

> § 856: Der Besitz wird dadurch beendigt, daß der Besitzer die thatsächliche Gewalt über die Sache aufgiebt oder in anderer Weise verliert.
>
> Durch eine ihrer Natur nach vorübergehende Verhinderung in der Ausübung wird der Besitz nicht beendigt.

Für den Besitzverlust gilt die allgemeine Regel, daß der einmal erlangte Besitz für den Besitzer fortdauert, bis er durch einen Aufhebungsthatbestand beendigt wird. Dabei kann der Besitz an der Sache entweder überhaupt erlöschen, so daß sie besitzlos wird, oder sie kann in den Besitz eines anderen übergehen. Beides kann mit oder ohne Willen des bisherigen Besitzers eintreten.

1. Der unmittelbare Besitz des Eigen- oder Fundbesitzers kann verloren gehen:

a) Mit dem Willen des Besitzers, sei es, daß er ihn auf einen anderen überträgt oder sich lediglich des Besitzes entäußert (§ 959). Dieses Aufgeben des Besitzes durch Willenshandlung setzt die Geschäftsfähigkeit voraus und ist daher nichtig (§ 105), wenn es seitens eines Geschäftsunfähigen geschieht.[1]) Nach § 856 erscheint das Aufgeben der thatsächlichen Gewalt als ein Fall des Verlierens derselben und so genügt die bloße Entäußerungserklärung nicht immer. Trotz ihrer bleibt der Erklärende Besitzer der Sachen, die er bei sich trägt,[2]) es sei denn, daß er sich durch constitutum possessorium zum bloßen Besitzdiener, einen andern zum Besitzherrn gemacht hat. Dagegen kann z. B. die einfache Erklärung den Besitz aufheben, wenn der Schuldner, der ein offenes Grundstück herauszugeben hat, nach vorgängiger Androhung an den säumigen Gläubiger den Besitz aufgeben will (§ 303). Auch kann mit dem Eigentume zugleich der Besitz aufgegeben werden, wenn der Eigentümer dem Grundbuchamte gegenüber den Verzicht erklärt hat (§ 928).

---

[1]) l. 11 de A. R. D. (41, 1).

[2]) Er kann daher z. B. mit dem Eigentumsanspruch (§ 985) belangt werden.

b) Ohne Willen des Besitzers. Unfreiwilliger Besitzverlust kann einmal eintreten, wenn die thatsächliche Gewalt unter solchen Umständen verloren geht, daß die Wiedererlangung, von besondern Ereignissen abgesehen, als dauernd ausgeschlossen erscheint. Ob und wann dies der Fall sei, ist Thatfrage. Hierher gehört auch der Fall, wenn ein Geschäftsunfähiger durch sein Thun den Besitz einbüßt, z. B. ein kleines Kind seine Sache ins Meer wirft. Der bisherige Besitz wird ferner dadurch aufgehoben, daß ein Dritter ohne oder gegen den Willen des Besitzers sich der Sache bemächtigt, wie der Dieb oder der unredliche Finder, der eine verlorene Sache in Eigenbesitz nimmt, an welcher der Besitz des Verlierers noch nicht erloschen war. Wird die Sache nur in Fremdbesitz genommen, so wird der bisherige Besitzer zum mittelbaren Besitzer, wie z. B. wenn ein Handwerker aus der Wohnung, in der er gearbeitet hat, eine auszubessernde Sache mit in seine Werkstatt nimmt, ohne dem Hausherrn etwas davon zu sagen.

2. Der mittelbare Besitz endigt:

a) Mit dem Willen des mittelbaren Besitzers dadurch, daß er ihn aufgiebt. Dies kann unter anderm geschehen durch Abtretung des Anspruchs auf Herausgabe (§ 870) oder dadurch, daß er durch brevi manu traditio den bisherigen Fremdbesitzer zum Eigenbesitzer und Alleinbesitzer macht (§ 929 Satz 2).

b) Ohne Willen des mittelbaren Besitzers. Sein Besitz erlischt, wenn der Besitzmittler den unmittelbaren Besitz unter solchen Umständen aufgiebt oder verliert, daß auch für den mittelbaren Besitzer die Gewalt über die Sache weggefallen ist, wie z. B. wenn der Besitzmittler die Sache ins Meer wirft, sie ihm in einen Abgrund fällt, ihm gestohlen wird u. dgl. Auch damit endigt der Besitz des mittelbaren Besitzers, daß der Besitzmittler die Sache einem dritten zum Eigenbesitze übergiebt (vgl. § 932). Streitig ist, ob der Besitzmittler sich dem mittelbaren Besitzer gegenüber zum Eigenbesitzer und damit zum alleinigen Besitzer machen kann.[1]) Indessen ist auch diese Möglichkeit zuzugeben. Allerdings genügt nicht der bloße Entschluß, die Sache fortan als Eigenbesitzer zu haben, sondern es muß dieser Entschluß in einer den mittelbaren Besitz aufhebenden Weise bestätigt sein, z. B. durch Unterschlagung, durch Verweigerung der Rückgabe

[1]) Für Bejahung z. B. Dernburg, Bürgerl. Recht, Band III, § 12 Nr. 3, für Verneinung: Windscheid-Kipp, Pandekten, Band I, § 15 Anm II, a; vgl. l. 3 § 19 de poss. (41, 2), Code civil Art. 2234.

der gemieteten Sache nach Beendigung der Miete unter Behauptung des Eigentums an der Sache u. s. w.

3. Ist der Besitz lediglich durch Erbfolge begründet (§ 857), so erlischt er durch Ausschlagung der Erbschaft (§ 1953 Abs. 1). Er geht hier auf denjenigen über, dem jetzt infolge der Ausschlagung die Erbschaft anfällt (§ 1953 Abs. 2).

4. Nicht verloren wird der Besitz dadurch, daß der Besitzer die Sache einem Besitzdiener zu unselbständiger Innhabung oder einem Besitzmittler zu Fremdbesitz überläßt. Im ersten Falle behält er den Alleinbesitz, im zweiten hat er als mittelbarer Besitzer den Wertbesitz.

IV. Der gleiche äußere Thatbestand kann je nach den näheren Umständen Erwerb oder Verlust des Besitzes bewirken oder nicht. So erlangt z. B. der Eigentümer eines Grundstücks regelmäßig Besitz an den herübergefallenen Früchten (vgl. § 911), aber nicht ohne weiteres an herübergewehten Wäschestücken, zugelaufenen Tieren u. s. w. Der Besitzer einer Wohnung wird im allgemeinen auch Besitzer der darin befindlichen Sachen sein und er kann auch ohne sein Wissen den Besitz an Sachen erwerben, die für ihn in seiner Wohnung niedergelegt worden sind; dagegen wird er zunächst nicht Besitzer der Sachen, die ein Gast auf dem Vorplatze abgelegt hatte und dort beim Weggehen hat liegen lassen, der Gerätschaften, die ein Handwerker mitgebracht und vielleicht während einer Arbeitspause zurückgelassen hat und dgl. Der Unterschied erklärt sich daraus, daß in den Fällen, in denen Besitz nicht erworben wird, der an sich zur Verschaffung des Besitzes geeignete Thatbestand um deswillen nicht zum Besitzerwerbe führt, weil er nicht auch ausreicht, um den an der Sache bestehenden Besitz aufzuheben.

Auch der Wille der Beteiligten kann von Bedeutung sein, obschon es nicht nur einen Verlust, sondern auch einen Erwerb des Besitzes ohne Willen giebt. Wer eine Sache auf der Straße wegwirft, um sich ihrer zu entäußern, verliert dadurch den Besitz; wer sie auf die gleiche Stelle aber ohne diese Absicht niederfallen läßt, behält ihn einstweilen. Bei der Übergabe einer Sache kann es von dem Willen der Beteiligten abhängen, ob der Empfänger bloß Besitzdiener oder Besitzmittler oder Alleinbesitzer wird, ob der Übergebende als Besitzherr unmittelbarer Besitzer bleibt, oder mittelbarer Besitzer wird oder den Besitz verliert.

§ 6.

3. Rechtsfolgen und Schutz des Besitzes.

I. Der Besitzer ist gegen verbotene Eigenmacht geschützt: er hat sowohl das Recht der Selbsthilfe, als auch Ansprüche wegen Entziehung oder Störung seines Besitzes (§§ 859—866, 868, 869).

1. Die verbotene Eigenmacht ist eine widerrechtliche Handlung; sie verübt im allgemeinen „wer dem Besitzer ohne dessen Willen den Besitz entzieht oder ihn im Besitze stört" (§ 858 Abs. 1). Ohne Willen des Besitzers handelt, wer ohne dessen Einwilligung in den Besitz eingreift, nicht nur, wer gegen ein ausdrückliches Verbot oder gegen den mutmaßlichen Willen des Besitzers verstößt. Verschulden wird nicht erfordert und so kann der Handelnde auch durchaus in gutem Glauben gewesen sein. Dagegen liegt verbotene Eigenmacht nicht vor, wenn das Gesetz den Eingriff in den fremden Besitz gestattet (§ 858 Abs. 1), d. h. namentlich nicht nur ein Recht auf den Besitz gewährt, sondern auch gestattet, sich ihn ohne oder selbst gegen den Willen des Besitzers zu verschaffen. Dahin gehören z. B. Vorschriften über erlaubte Selbsthilfe (§§ 227 ff., 904), landesgesetzliche Bestimmungen über erlaubte Privatpfändung (EB. Art. 89, z. B. Preuß. Landr. I, 14, §§ 413 ff.). Keine verbotene Eigenmacht begeht der Gerichtsvollzieher, der bei der Zwangsvollstreckung Sachen des Schuldners (CPO. §§ 808, 831, 883—885), der Konkursverwalter, der zur Masse gehörige Sachen (KO. § 117), der Testamentsvollstrecker, der Nachlaßsachen (§ 2205) in Besitz nimmt. Der Vermieter kann sich beim Auszuge des Mieters eigenmächtig in den Besitz der Sachen des Mieters setzen, an denen er das gesetzliche Pfandrecht hat (§ 561 Abs. 1). Nicht unbestritten ist die Stellung des Ehemanns bei dem gesetzlichen Güterrechte. Nach den Beschlüssen der zweiten Kommission ist er „zum Besitze der zum eingebrachten Gute gehörenden Sachen berechtigt" (E. II, § 1272, ebenso E. III, § 1356), dagegen erklärt ihn auf Grund eines Beschlusses der Reichstagskommission das Gesetzbuch für „berechtigt, die zum eingebrachten Gute gehörenden Sachen in Besitz zu nehmen" (§ 1373). Hält man sich an diese Fassung des Gesetzes statt an die Entstehungsgeschichte,[1] so wird anzunehmen sein, daß der Mann nicht nur von der Frau Einräumung des Besitzes verlangen kann,[2] sondern sich auch ein-

---

[1]) Ausführlich dargelegt z. B. bei A. Schmidt, Kommentar zu § 1373 Nr. 3.

[2]) So Planck-Unzner, Kommentar zu § 1373 Nr. 2; zustimmend A. Schmidt

seitig ihr gegenüber in den Besitz setzen darf, ohne daß er dadurch verbotene Eigenmacht begeht und sein Besitz fehlerhaft wird.

Eine Frage für sich ist es, ob der zur einseitigen Besitznahme Berechtigte auch gegen den Widerspruch oder Widerstand des Besitzers sich der Sache bemächtigen und dabei auch abgesehen von den gewöhnlichen Fällen der Selbsthilfe (§ 229) nötigenfalls Gewalt anwenden darf. Die Frage ist für die angeführten Fälle nicht immer in der gleichen Weise zu beantworten. So stehen z. B. diese gesteigerten Befugnisse dem Gerichtsvollzieher und dem Vermieter zu, dagegen ist der Konkursverwalter, der Testamentsvollstrecker, der Ehemann hier auf die Anrufung der Gerichtshilfe angewiesen.

2. Der durch verbotene Eigenmacht erlangte Besitz ist fehlerhaft. Diese Fehlerhaftigkeit wirkt auch gegen den Erben, sowie gegen denjenigen sonstigen Nachfolger im Besitze, der bei seinem Besitzerwerbe die Fehlerhaftigkeit gekannt hat (§ 858 Abs. 2).

II. Gegen die verbotene Eigenmacht ist Selbsthilfe in weitem Umfange zugelassen.

1. „Der Besitzer darf sich verbotener Eigenmacht mit Gewalt erwehren" (§ 859 Abs. 1);[1]) er hat also ihr gegenüber das Recht der gewaltsamen Verteidigung, soweit sie erforderlich ist, um den Angriff abzuwehren. Da die verbotene Eigenmacht als rechtswidriger Angriff erscheint, so ergiebt sich diese Befugnis des Besitzers auch schon aus den allgemeinen Bestimmungen über die Notwehr (§ 227) und steht unter deren Regeln.[2])

2. Ist dem bisherigen Besitzer durch die verbotene Eigenmacht die Sache entzogen worden, so darf er sich ihrer unter Umständen selbst mit Gewalt wieder bemächtigen. So darf er eine ihm mittelst verbotener Eigenmacht weggenommene bewegliche Sache, wenn er den Thäter auf frischer That betroffen oder verfolgt hat, diesem selbst

---

a. a. O. Nicht durchschlagend ist u. a. der Grund, daß nach der allgemeine Fassung des § 1373 dem Manne das Recht auch gegen einen Dritten gewährt werden müßte, wenn man es ihm gegen die Frau zugesteht. Er kann gegen den Dritten in dieser Hinsicht natürlich keine weitergehenden Rechte haben als die Frau selbst; insoweit ist daher § 1373 einschränkend auszulegen.

[1]) l. 1 § 27 de vi (43,16): Vim vi repellere licere cassius scribit idque ius natura comparatur, l. 45 § 4 ad l. Aquil. (9,2): Vim vi defendere omnes leges omniaque iura permittunt.

[2]) Vgl. Bekker, Jahrbuch für Dogmatik, Band 34, S. 11 ff.; Biermann, Kommentar zu § 859 Nr. 1; Planck-Achilles, Kommentar zu § 859 Nr. 2.

oder seinem Nachfolger, dessen Besitz fehlerhaft ist, mit Gewalt wieder abnehmen (§§ 859 Abs. 2, 4, 858 Abs. 2).[1])

III. Ein Anspruch auf Gerichtshilfe ist eingeräumt für den Fall, daß der Besitz durch verbotene Eigenmacht entzogen oder gestört wird.

1. Im Falle der Entziehung hat der bisherige Besitzer einen Anspruch auf Wiedereinräumung des Besitzes gegen denjenigen, dessen Besitz ihm gegenüber fehlerhaft ist (§ 861 Abs. 1).

Der Anspruch wegen Besitzstörung geht gegen den Störer auf Beseitigung der Störung, also z. B. Wegschaffung der Bauten oder sonstiger Anlagen, die den Besitz beeinträchtigen. Ist eine weitere Störung zu befürchten, so kann der Besitzer auf Unterlassung klagen (§ 862 Abs. 1). Der Störer kann dann, wenn gegen ihn entschieden ist, auf Antrag des Gläubigers wegen Zuwiderhandlung nach vorgängiger Androhung bestraft und zur Sicherheitsleistung angehalten werden (CPO. § 890).

2. Der Anspruch ist ausgeschlossen, wenn der Besitz dem in Anspruch genommenen oder seinem Rechtsvorgänger gegenüber fehlerhaft und in dem letzten Jahre vor der Entziehung oder Störung erworben ist (§§ 861 Abs. 2, 862 Abs. 2). Diese Ausschließungsgründe sind zu berücksichtigen, auch ohne daß der Beklagte sie geltend gemacht hat; jedoch trifft ihn die Beweislast.

3. Der Anspruch erlischt:

a) Durch Fristversäumnis, wenn er nicht vor Ablauf eines Jahres seit der verbotenen Eigenmacht eingeklagt worden ist (§ 864 Abs. 1);

b) Wenn nach Verübung der Eigenmacht durch rechtskräftiges Urteil festgestellt wird, daß dem Thäter ein Recht auf den Besitzstand zukam, den er durch dieses eigenmächtige Vorgehen geschaffen hat (§ 864 Abs. 2). Das Gesetzbuch verlangt „ein Recht an der Sache"; d. h. ein dingliches Recht; ein blos obligatorisches Recht genügt nicht.[2])

4. Da der Rechtsstreit nur über die Thatsachen des Besitzes und seiner Entziehung oder Störung geführt wird, so kann der Beklagte auf ein Recht zum Besitze oder zur Vornahme der Störung sich regelmäßig nicht berufen. Eine Ausnahme tritt nur ein, soweit er

[1]) Wegen der Grundstücke s. § 859 Abs. 3, 4.

[2]) Vgl. Biermann, Kommentar zu § 864, Anm. 3a; Planck-Achilles, Kommentar zu § 868 Anm. 2a; a. M. Strohal, Jahrb. für Dogm. Band 38, S. 120 ff.

geltend machen kann, daß er eine verbotene Eigenmacht nicht verübt habe, weil er z. B. in Notwehr oder erlaubter Selbsthilfe gehandelt hat (§§ 227—229, 904) oder als Vermieter zur Besitzergreifung berechtigt war (§ 561, vgl. überhaupt § 863).

5. Beschränkt ist der Besitzschutz unter Mitbesitzern, die eine Sache gemeinschaftlich besitzen. Er findet, „insoweit nicht statt, als es sich um die Grenzen des den Einzelnen zustehenden Gebrauchs handelt" (§ 866), d. h. er wird zwar gegen Entziehung des Besitzes durch den Mitbesitzer, nicht aber gegen bloße Besitzstörung durch ihn gewährt,[1]) wobei übrigens die Abgrenzung in den einzelnen Fällen Schwierigkeiten bereiten kann. Diese wohlthätige Einschränkung des Faustrechts war dem ersten Entwurfe noch fremd (E. I § 817); sie ist der zweiten Kommission zu verdanken (E. II § 788).

IV. Der erste Entwurf legte dem Eigentümer die Verpflichtung auf, die Aufsuchung und Abholung einer auf seinem Grundstücke befindlichen fremden beweglichen Sache zu gestatten (E. I § 867). Im Gesetzbuche ist diese Verpflichtung dem Besitzer auferlegt und die Vorschrift in den Abschnitt vom Besitz aufgenommen (§ 867; vgl. §§ 869, 1005).

Gleichgültig ist, auf welche Weise die Sache auf das Grundstück gekommen ist, ob ohne menschliches Zuthun, wie z. B. beim Zulaufen von Tieren, oder durch die Thätigkeit eines Dritten oder des Besitzers selbst. Entsteht durch die Aufsuchung und Wegschaffung ein Schaden, so kann ihn der Besitzer des Grundstücks jedenfalls ersetzt verlangen, auch wenn ein Verschulden nicht vorliegt. Ist ein solcher Schaden zu befürchten, so darf er außer bei Gefahr im Verzuge die Erlaubnis verweigern, bis ihm Sicherheit geleistet ist (§ 867 Satz 2, 3). Da der Grundstücksbesitzer zur Erteilung der Erlaubnis verpflichtet ist, so verstößt er gegen das Gesetz, wenn er sie grundlos versagt, obschon die gesetzlichen Bedingungen erfüllt sind, und kann dann nach § 823 Abs. 2 ersatzpflichtig sein.

Nach § 904 kann ohne Erlaubnis des Eigentümers die Sache von seinem Grundstücke abgeholt werden, „wenn die Einwirkung zur Abwendung einer gegenwärtigen Gefahr notwendig und der drohende Schaden gegenüber dem aus der Einwirkung dem Eigentümer entstehenden Schaden unverhältnismäßig groß ist." Den dabei entstehenden Schaden kann der Eigentümer ersetzt verlangen,

---

[1]) Vgl. Planck-Achilles, Kommentar zu § 866, Anm. 2; Windscheid-Kipp, Pandekten, Band 1, S. 695 ff.

selbst wenn denjenigen, der die Notstandshandlung vorgenommen hat, kein Verschulden trifft.

Wird das Grundstück betreten, ohne daß dazu Erlaubnis erteilt war oder ein Notstand vorliegt, so wird dadurch verbotene Eigenmacht verübt. Sie kann von dem Grundstücksbesitzer mit Gewalt zurückgewiesen werden (§ 859 Abs. 1), ist aber im Übrigen an sich für den Handelnden ungefährlich und begründet namentlich gegen ihn nicht den Anspruch wegen Besitzstörung nach § 862. Da die verbotene Eigenmacht eine widerrechtliche Handlung ist (§ 858 Abs. 1), ist der entstandene Schaden nach den Vorschriften über unerlaubte Handlungen und daher nur dann zu erstatten, wenn den Thäter ein Verschulden trifft (§ 823). Demnach ist, wer widerrechtlich in das Grundstück eindringt, beim Schadensersatze günstiger gestellt, als wer es mit Erlaubnis des Besitzers oder Eigentümers oder in einem Notfalle betreten hat.[1])

Zur Rechtfertigung dieses Abholungsanspruchs bemerken die Motive:[2]) „es würde zu der größten Unbilligkeit führen, wenn die thatsächliche Gewalt über das Grundstück benützt werden könnte, um die fernere Ausübung der thatsächlichen Gewalt über die auf das fremde Grundstück gelangte Sache auszuschließen". Die ohne weitere Unterscheidung gewährte Abhilfe kann aber zu ganz unnützen Belästigungen des Grundstücksbesitzers führen, der auch bei ganz wertlosen Sachen und selbst bei Sachen, die leichtfertig oder böslich herübergeworfen worden sind, wofern nur nicht durch das Hinüberwerfen der Besitz verloren gegangen ist,[3]) bei Katzen, die in seinem Garten herumstreifen und dgl. die Aufsuchung dulden soll und der Ersatz nur für etwaigen Vermögensschaden aber keine Entschädigung für die Störung erhält. Man wird ihm jedenfalls gestatten müssen, durch Herausgabe der Sache den Fall einfach zu erledigen[4]) und unter Umständen das Chikaneverbot des § 226 zu seinem Schutze verwenden können.

V. Den Besitzesschutz sowohl durch Selbsthilfe als durch Gerichtshilfe knüpft der erste Entwurf an die Inhabung, d. h. an die that-

[1]) Diesem bedenklichen Ergebnisse entgeht man nur, wenn man aus § 904 schließt, daß auch bei widerrechtlichen Einwirkungen auf die fremde Sache aller, nicht nur der verschuldete Schaden zu ersetzen sei.

[2]) Band III S. 298.

[3]) Vgl. Planck-Achilles, Kommentar zu § 867 Anm. 2a.

[4]) So auch Planck-Achilles, a. a. O. Anm. 4.

sächliche Gewalt über die Sache an (E. I, §§ 814—820, 797). Übt der Inhaber die thatsächliche Gewalt für einen andern aus, so stehen die Ansprüche wegen Entziehung oder Störung des Besitzes auch diesem Besitzer zu (§§ 821, 819, 820).

Dagegen gewährt das Gesetzbuch im Zusammenhange mit der Änderung und Erweiterung des Besitzesbegriffs den Besitzschutz dem Besitzer (§§ 859—869). Dabei bestehen aber im einzelnen mannigfache Meinungsverschiedenheiten und Zweifel.

1. Unzweifelhaft ist der volle Besitzschutz durch Selbsthilfe wie durch Gerichtshilfe dem unmittelbaren Besitzer eingeräumt, mag er selbst oder sein Besitzdiener die thatsächliche Gewalt über die Sache ausüben. Dabei macht es auch keinen Unterschied, ob er Eigenbesitzer oder nur Fremdbesitzer ist.

2. Desto zweifelhafter ist dagegen die Stellung des mittelbaren Besitzers. In der zweiten Kommission „bestand Einigkeit darüber, daß der § 821 des ersten Entwurfs[1]) mit Rücksicht auf die andere Gestaltung, welche die Besitzlehre erfahren habe, einer Abänderung bedürfe, selbst wenn man den Grundgedanken der Vorschrift, den Besitzschutz auch solchen Personen zu gewähren, die, obwohl sie die thatsächliche Gewalt über die Sache nicht ausüben, dennoch vermöge eines zwischen ihnen und dem Inhaber der thatsächlichen Gewalt bestehenden Rechtsverhältnisses ihre thatsächlichen Beziehungen zur Sache nicht gänzlich aufgegeben haben, sachlich beibehalten wolle".[2]) Unter Ablehnung der Abänderungsanträge, die zum Teil auf Erweiterung, zum Teil auf Einschränkung des Besitzschutzes für den mittelbaren Besitzer gerichtet waren, wurde von der Mehrheit der Kommission beschlossen, es bei der Regelung des ersten Entwurfs zu belassen. Sie ließ sich dabei von den Erwägungen leiten: „Es sei nicht richtig, dem mittelbaren Besitzer selbständige Besitzschutzrechte zu gewähren. Zum Schutze gegen Übergriffe des Besitzers reichten die petitorischen Rechtsmittel aus. Gehe die Verletzung des Besitzes von einem Dritten aus, so sei es zunächst Sache des Besitzers, sich den Besitz wieder zu verschaffen. Die Zulassung konkurrierender Be-

---

[1]) E. I § 821 Abs. 1: Ist der Inhaber nicht zugleich der Besitzer, so stehen die nach den §§ 819, 820 für den Inhaber begründeten Rechte wegen Besitzentziehung und -Störung auch dem Besitzer zu. Will der frühere Inhaber in dem Falle der Entziehung der Inhabung diese nicht wieder übernehmen, so kann der Besitzer fordern, daß die Inhabung ihm selbst eingeräumt werde.

[2]) Protokolle, Band III, S. 221.

sitzklagen des Besitzers und des mittelbaren Besitzers würde zur Verwirrung führen. Gänzlich überflüssig sei es endlich, dem mittelbaren Besitzer auch das dem Besitzer zustehende Selbsthilferecht (E. II § 815) zu gewähren. Die in §§ 191 ff. des Entwurfs II getroffenen allgemeinen Bestimmungen reichten zum Schutze des mittelbaren Besitzes völlig aus."[1])

Demgemäß bestimmt § 869:

> Wird gegen den Besitzer verbotene Eigenmacht verübt, so stehen die in den §§ 861, 862 bestimmten Ansprüche auch dem mittelbaren Besitzer zu. Im Falle der Entziehung des Besitzes ist der mittelbare Besitzer berechtigt, die Wiedereinräumung des Besitzes an den bisherigen Besitzer zu verlangen; kann oder will dieser den Besitz nicht wiederübernehmen, so kann der mittelbare Besitzer verlangen, daß ihm selbst der Besitz eingeräumt wird. Unter der gleichen Voraussetzung kann er im Falle des § 867 verlangen, daß ihm die Aufsuchung und Wegschaffung der Sache gestattet wird.

Für die Bestimmung des Besitzschutzes für den mittelbaren Besitzer und für die Auslegung des § 869 bieten sich hauptsächlich zwei Auffassungen. Entweder man nimmt an, daß der Besitzschutz für den mittelbaren Besitzer in § 869 ausschließend und erschöpfend geregelt sei, so daß ihm nur die darin aufgeführten Befugnisse zustehen und für ihn daneben nur die allgemeinen Vorschriften über Selbsthilfe (§§ 227 ff, 904) in Betracht kommen. Oder aber man billigt auch dem mittelbaren Besitzer grundsätzlich den gewöhnlichen Besitzschutz zu, soweit sich nicht etwa aus dem Gesetze etwas anderes ergiebt und erblickt in § 869 nur eine ihn betreffende Sondervorschrift.

Die erste Ansicht[2]) kann sich auf die Entstehungsgeschichte des Gesetzes und auf die Absicht des Gesetzgebers berufen; auch ergiebt sie sich bei einzelnen ihrer Vertreter aus deren ganzer Auffassung des mittelbaren Besitzers.

Für die zweite Meinung[3]) ist geltend zu machen, daß nach § 868 auch der mittelbare Besitzer Besitzer ist und daß die §§ 859 ff. den

---

[1]) Protokolle, Band III, S. 226.

[2]) Vgl. z. B. Cosack, Lehrbuch Band II, § 190. III; § 193, III; Wendt, Archiv für civil. Praxis, Band 87, S. 49 ff.; Planck-Achilles, Kommentar zu § 869.

[3]) Vgl. z. B. Gierke, Fahrnisbesitz S. 7, Anm. 15; Fischer-Henle zu §. 868, Anm. 4, §. 869, Anm. 7; Bekker, Jahrb. für Dogmatik, Band 84, S. 68.

Besitzschutz dem Besitzer schlechthin gewähren, ohne zwischen dem unmittelbaren und dem allerdings erst in § 868 erwähnten mittelbaren Besitze zu unterscheiden. Dieser Beweisgrund wird auch nicht dadurch entkräftet, daß das Gesetz bei den Fällen des Doppelbesitzes öfter den unmittelbaren Besitzer als Besitzer schlechtweg dem mittelbaren Besitzer gegenüberstellt (z. B. § 935: „nur mittelbarer Besitzer"; §§ 941, 986; vgl. CPO. § 76); hier bezeichnet eben Besitzer denjenigen, der nach außen als solcher hervortritt, weil er die thatsächliche Gewalt über die Sache ausübt. Weiter kommt in Betracht, daß der bisherige Alleinbesitzer durch die Übergabe der Sache an einen Nießbraucher, Pfandgläubiger, Mieter, Verwahrer u. s. w. den Besitz nicht verliert, sondern trotzdem Besitzer bleibt. Auch braucht sein Besitz durchaus nicht bloß auf der Vermittlung des Besitzmittlers zu beruhen und so geht er z. B. auch keineswegs immer dadurch verloren, daß dieser den Besitz aufgiebt. Inwieweit der Besitzer trotz der Überlassung seiner Sache zum Fremdbesitz auch noch die thatsächliche Gewalt behalten hat, so daß zu seinem mittelbaren Besitze auch noch der unmittelbare Mitbesitz hinzukommt, hängt von den Umständen ab. Ein gesetzliches Beispiel bietet § 1206, der die Bestellung eines Faustpfands durch Einräumung des Mitbesitzes regelt. Es sind hier sehr verschiedene Fälle möglich. So macht es einen Unterschied, ob jemand ein abgelegenes Gut verpachtet hat, das er vielleicht nie betritt, oder ob er ein Haus in einer anderen Stadt, in einem anderen Stadtteile vermietet hat, oder ein Nebenhaus, oder ein Stockwerk in dem von ihm selbst bewohnten Hause oder ein Zimmer, zu dem auch er oder er allein den Schlüssel hat. Es kann ferner z. B. darauf ankommen, ob das Pferd für eine Reitstunde in der Reitbahn vermietet ist, oder für einen Spazierritt mit oder ohne Begleitung des Bereiters, oder für eine größere Reise.

Endlich läßt sich für einen möglichst ausgiebigen Besitzschutz des mittelbaren Besitzers auch das praktische Bedürfnis anführen. Er wird meist der Eigentümer der Sache und als solcher an deren Schicksal weit mehr beteiligt sein, als der Entleiher, der Verwahrer, der Beauftragte u. s. w., und so wäre es nicht zweckmäßig, ihm den besonderen Schutz, den gerade der Besitzschutz bietet, zu verkümmern.

Aus all diesen Gründen ist die zweite Ansicht vorzuziehen und der allgemeine Besitzschutz nach §§ 859 ff. an sich auch dem mittelbaren Besitzer zuzugestehen, so daß er nicht auf die Ansprüche aus § 869 wegen einer gegen den unmittelbaren Besitzer verübten Eigenmacht beschränkt ist. Will aber der mittelbare Besitzer außerhalb des Thatbestandes in § 869 das Recht auf den Besitzschutz geltend machen, so muß eben gegen ihn verbotene Eigenmacht begangen sein. Ob dies der Fall ist, ist Thatfrage. Der widerrechtliche Eingriff in den Besitz kann verbotene Eigenmacht gegen den unmittelbaren und den mittelbaren Besitzer zugleich oder nur gegen den einen von ihnen sein. Eigenmacht gegen beide liegt vor, wenn z. B. ein Dieb die hinterlegten Wertpapiere stiehlt, ein Räuber die entliehene Uhr dem Entleiher entreißt, ein Dritter sich unbefugt auf das gemietete Pferd setzt und auf Nimmerwiedersehen davonreitet. Eigenmacht nur gegen den unmittelbaren Besitzer ist es, wenn z. B. der Mieter aus der Mietswohnung ausgesperrt, der Pächter an der Zufahrt zum Gutshofe verhindert, dem Entleiher der entliehene spannende Roman weggeschlossen wird.

Die Eigenmacht kann aber auch nur gegen den mittelbaren Besitzer verübt sein. So liegt jedenfalls dann keine Eigenmacht gegen den unmittelbaren Besitzer vor, wenn er zu der Einwirkung auf die Sache seine Einwilligung erteilt hatte. Es kann aber die von dem Besitzmittler gestattete Handlung dem mittelbaren Besitzer gegenüber verbotene Eigenmacht sein, so z. B., wenn ein Dritter mit Erlaubnis des Entleihers das für einen kurzen Spazierritt ausgeliehene Pferd bei einem Hindernisrennen reitet; wenn mit Erlaubnis des Mieters, dem ein Stück des Hausgartens zum Gartengenusse mitvermietet ist, Knaben, die eingestiegen sind, die Obstbäume plündern, einen Maulbeerbaum kahl abpflücken, um ihre Seidenraupen zu füttern u. dergl. Kann in solchen Fällen nicht auch in den Gewaltkreis des mittelbaren Besitzers eingegriffen sein und ist es angebracht, ihm jeden Besitzschutz zu versagen, bloß weil es an der verbotenen Eigenmacht gegen den unmittelbaren Besitzer fehlt?

Man wird bei Angriffen gegen die im Doppelbesitze des Besitzmittlers und des mittelbaren Besitzers befindliche Sache zu unterscheiden haben.

Richtet sich die verbotene Eigenmacht nur gegen den unmittelbaren Besitzer, so hat nur er das Recht der Selbsthülfe nach § 859. Dagegen stehen Ansprüche wegen Entziehung oder Störung des Besitzes, sowohl ihm als dem mittelbaren Besitzer, diesem nach Maßgabe des § 869 zu (vergl. §§ 861, 862). Wird die Eigenmacht nur gegen den mittelbaren Besitzer begangen, so hat nur er das Recht auf Selbsthilfe (§ 859) und auf Gerichtshilfe (§§ 861, 862).

Werden endlich von dem widerrechtlichen Angriff beide betroffen, so können beide die Selbsthilfe ausüben und ihre Ansprüche bei Gericht verfolgen.

4. Besondere Schwierigkeiten bietet zum Teil das Verhältnis zwischen dem Besitzmittler und dem mittelbaren Besitzer. Man wird hier verschiedene Fälle zu unterscheiden haben.

a) Der mittelbare Besitzer kann neben dem Besitzmittler den körperlichen Mitbesitz und die Mitbenützung der Sache haben, wie z. B. der Vermieter, der sich an dem mitvermieteten Hausgarten die Mitbenützung vorbehalten hat, dem das vermietete Zimmer als Durchgang zu der eigenen Wohnung dient, der Verpfänder, der die Pfandsache im Mitverschlusse hat (§ 1206). Hier ist der Besitzschutz, so weit es sich nur um die Grenzen des Gebrauchs handelt, also bei bloßer Besitzstörung nach § 866 ausgeschlossen, dagegen steht er im Falle der Entziehung jedem Teile gegen den andern zu: so z. B., wenn der Vermieter den Mieter oder der Mieter den Vermieter aussperrt; der Pfandgläubiger oder der Verpfänder mit einen Nachschlüssel die Kassette öffnet und die verpfändeten Wertpapiere an sich nimmt.

b) Der mittelbare Besitzer kann aber auch keinen solchen unmittelbaren Mitbesitz haben, sondern auf seinen mittelbaren Besitz beschränkt sein.

α) In einem solchen Falle hat unzweifelhaft der unmittelbare Besitzer den vollen Besitzesschutz durch Selbsthilfe wie durch Gerichtshilfe auch gegen den mittelbaren Besitzer und zwar nicht nur wegen Entziehung, sondern da ein Mitbesitz im Sinne des § 866 nicht besteht, auch wegen Störung.

β) Sehr streitig ist dagegen, ob ein Besitzschutz auch dem mittelbaren Besitzer gegen den Besitzmittler zusteht. Die Frage ist nach der hier angenommenen Auffassung von der Stellung des mittelbaren Besitzers jedenfalls nicht grundsätzlich zu verneinen.[1]) Allerdings kann zugegeben werden, daß oft schon die allgemeinen Vorschriften der §§ 227 ff. zum Schutze des mittelbaren Besitzers ausreichen, aber dies trifft denn doch keineswegs immer zu und es besteht keinerlei Veranlassung, dem mittelbaren Besitzer hier allen Besitzschutz zu versagen und ihn auf die Ansprüche aus einem dinglichen oder obliga-

[1]) Bekker, Jahrb. für Dogm., Band XXXIV, S. 68; Fischer-Henle zu § 869 Anm. 1; and. Ans. z. B. Biermann, Kommentar zu § 869 Anm. 2; Planck-Achilles, Kommentar zu § 869 Anm. 2.

torischen Rechte zu beschränken. Kann z. B. der Zimmermieter die mitvermieteten Möbel ohne Erlaubnis des Vermieters aus der Stadtwohnung in die Sommerfrische schaffen lassen, ohne dadurch verbotene Eigenmacht gegen den Vermieter zu begehen?

Namentlich kann auch durch Unterschlagung verbotene Eigenmacht gegen den mittelbaren Besitzer verübt werden. Hat z. B. der Mieter die Mietssachen aus der Wohnung verschleppt, um sie zu veräußern, so hat der Vermieter gegen einen bösgläubigen Erwerber auch die Besitzansprüche nach Maßgabe der §§ 861, 859, insoweit dieser ihm gegenüber fehlerhaft besitzt.

5. Der Besitzdiener hat keinen Anspruch auf Gerichtshilfe wegen Entziehung oder Störung der thatsächlichen Gewalt, ist aber zur Selbsthilfe berechtigt (§ 860).

Da er kein eigenes Recht hat, sondern nur ein fremdes Recht ausübt, so darf er zur Selbsthilfe nicht schreiten, wenn dies der Besitzherr verbietet. Auch steht ihm die Selbsthilfe nicht gegen den Besitzherrn, wohl aber diesem gegen den Besitzdiener zu.

VI. Vielfach wird in Anknüpfung an germanische Rechtsanschauungen dem Besitze an Fahrnissen noch eine besondere Rolle zugewiesen: es soll ihm eine ähnliche Bedeutung zukommen, wie bei Grundstücken dem Grundbucheintrag. Danach soll im Verhältnisse zu Dritten der Besitzer als der Berechtigte, und namentlich als der Eigentümer gelten, wie bei Grundstücken als berechtigt gilt, wer als solcher im Grundbuch eingetragen ist (§ 891 Abs. 1).

Auch das Bürgerliche Gesetzbuch hat sich großenteils auf diesen Standpunkt gestellt, indem es z. B. für den Besitzer, bei Doppelbesitz für den mittelbaren Besitzer die Vermutung aufstellt, daß er Eigentümer sei (§ 1006), und im Gegensatze zum römischen Rechte den Grundsatz: Hand muß Hand wahren (§§ 932—935) annimmt, wobei allerdings die Rücksicht auf das Verkehrsinteresse vor allem bestimmend war.

Jedoch gilt die Regel von der Legitimation durch den Grundbucheintrag oder durch den Besitz der beweglichen Sache nicht ausnahmslos: der Grundbucheintrag hat keine absolute Kraft und kann von der wirklichen Rechtslage abweichen (§§ 894 ff.); Besitz der beweglichen Sache und Eigentum an ihr können natürlich auseinanderfallen. So wirkt denn diese äußere Legitimation nur zu gunsten desjenigen, der ihr nach den näheren Vorschriften des Gesetzbuchs hat vertrauen dürfen, der namentlich beim Fahrniserwerb in gutem Glauben gewesen ist (§§ 892, 893, 932—936).

Bei dieser Gestaltung scheint übrigens dem Fahrnisbesitz mehr Gewicht beigelegt, als ihm zukommt, und jedenfalls bietet er weit weniger Gewähr als der Grundbucheintrag. Bei diesem ist durch die gesetzlichen Vorschriften dafür gesorgt, daß materiell unrichtige Eintragungen gewiß recht selten sein werden; aber wie unsicher ist bei beweglichen Sachen der Schluß von der äußeren Erscheinung des Besitzes auf das Eigentumsrecht des Inhabers, der bei dem gleichen äußeren Verhältnisse zur Sache Eigentümer, Dieb, Fremdbesitzer, Besitzdiener sein kann?

VII. Eine bestimmte rechtliche Bedeutung hat der Besitz noch in folgenden Fällen:

1. Der Besitzerwerb bildet ein Stück vom Thatbestande des Eigentumserwerbs durch Aneignung (§§ 958 ff.), durch Übertragung (§§ 929 ff.), an Früchten einer fremden Sache, wenn der Fruchtberechtigte nicht die Muttersache besitzt (§ 956). Ebenso gehört er zum Thatbestande beim Erwerbe des Pfandrechts (§§ 1205, 1206) und des Nießbrauchs an Fahrnissen (§ 1032).

2. Der gutgläubige Eigenbesitzer und der im Besitze befindliche Fruchtberechtigte erwerben das Eigentum an den Früchten mit der Trennung von der Muttersache (§§ 955, 956).

3. Der gutgläubige Eigenbesitzer einer beweglichen Sache kann durch Ersitzung Eigentümer werden (§§ 937 ff.).

4. Gegen den Besitzer gehen außer den Besitzansprüchen aus §§ 861, 867, 869 auch der Eigentumsanspruch auf Herausgabe (§ 985), der Anspruch aus § 1007, die Ansprüche des Nießbrauchers und des Pfandgläubigers auf Herausgabe (§§ 1065, 1227), der Anspruch auf Vorlegung (§§ 809 ff.), der Erbschaftsanspruch (§§ 2018 ff.).

III. Das Eigentum.

§ 7.

1. Erwerb des Eigentums.

a) Aneignung.

1. Durch Aneignung erwirbt das Eigentum, „wer eine herrenlose bewegliche Sache in Eigenbesitz nimmt“ (§ 958).

Demnach wird zum Thatbestande erfordert:

a) Als Gegenstand eine bewegliche herrenlose Sache. Die herrenlose Sache kann entweder noch nie im Eigentum gestanden haben oder es kann das Eigentum an ihr erloschen sein. Herrenlos sind z. B. die wilden Tiere, so lange sie sich in der natürlichen Freiheit befinden, nicht auch die Tiere in Tiergärten, die Fische in geschlossenen Privatgewässern (§ 960 Abs. 1).[1]) Herrenlos kann eine Sache dadurch werden, daß der Eigentümer in der Absicht, sich ihrer zu entäußern, den Besitz aufgiebt (§ 959); das eingefangene wilde Tier wird herrenlos, wenn es wieder frei wird und „der Eigentümer es nicht unverzüglich verfolgt oder wenn er die Verfolgung aufgiebt" (§ 960 Abs. 2). Unverzüglich bedeutet hier wie sonst ohne schuldhafte Verzögerung nach erlangter Kenntnis (§ 121). Der Verfolgung durch den Eigentümer selbst wird mindestens die Verfolgung durch seine Leute gleichzustellen sein. Gezähmte Tiere werden herrenlos, wenn sie die Gewohnheit an den ihnen bestimmten Ort zurückzukehren ablegen (§ 960 Abs. 3).[2])

b) Die Sache muß von demjenigen, der das Eigentum an ihr erwerben soll, in Eigenbesitz genommen werden. Diese Besitzergreifung ist kein Rechtsgeschäft, sondern bloße Rechtshandlung und kann daher auch von einem Geschäftsunfähigen vorgenommen werden.[3])

2. Ausgeschlossen ist der Eigentumserwerb, wenn die Aneignung gesetzlich verboten ist oder ein fremdes Aneignungsrecht wie z. B. des Jagd- oder Fischereiberechtigten verletzt. Daher wird das vom Wilderer erlegte Wild nicht dessen Eigentum. Diese Vorschrift kann auch durch die Landesgesetzgebung, der das Jagd- und Fischereirecht im allgemeinen vorbehalten bleibt, nicht abgeändert werden (E. B. Art. 69). Nach den Protokollen der zweiten Kommission[4]) ist der Paragraph in dem Sinne angenommen worden, „daß die Bestimmung nicht nur den Eigentumserwerb des unberechtigten Occupanten verneine, sondern positiv die Fortdauer der Herrenlosigkeit ausspreche." Es kann zweifelhaft erscheinen, ob diese Absicht in der Fassung des § 958 Abs. 2 einen unzweideutigen Ausdruck gefunden hat.

3. Der Eigentumserwerb kann auch durch einen Vertreter her-

---

[1]) Vgl. E. B. Art. 65.

[2]) 1 5 § 5 de A.R.D. (41, 1).

[3]) Fischer-Henle, zu § 958 Anm. 4, Cosack, Lehrbuch, Band II, § 203; a. A. Endemann, Einführung, Band III § 86 Nr. 2.

[4]) Band III, S. 352.

beigeführt werden, sei es daß er den Vertretenen zum mittelbaren Besitzer oder z. B. als sein Jagdhüter zum Alleinbesitzer macht.

4. Auch die Bienen werden durch Ausziehen des Schwarms herrenlos, wenn der Eigentümer des Schwarms sie nicht unverzüglich verfolgt oder wenn er die Verfolgung aufgiebt. Der Eigentümer darf bei der Verfolgung fremde Grundstücke betreten, die fremde unbesetzte Bienenwohnung, in die der Schwarm eingezogen ist, öffnen und die Waben herausnehmen, muß aber den entstandenen Schaden ersetzen. Zieht der Schwarm in eine fremde besetzte Bienenwohnung ein, so gehört er deren Eigentümer; dagegen entsteht Miteigentum nach der Anzahl der verfolgten Schwärme, wenn sich die Schwärme zu einem Gesamtschwarme vereinigt haben, der dann eingefangen worden ist (§§ 961—964).

Die landesgesetzlichen Vorschriften über die Aneignung fremder Tauben, die im Freien betroffen worden sind, bleiben unberührt (E. B. § 130).

§ 8.

b) Verbindung, Vermischung, Verarbeitung.

1. Die Verbindung von Sachen verschiedener Eigentümer läßt die bisherigen dinglichen Rechte an diesen Sachen bestehen, wenn durch sie keine der Sachen zu einem wesentlichen Bestandteile im Sinne des Gesetzbuchs geworden ist. Anders ist es im umgekehrten Falle: da wesentliche Bestandteile nicht Gegenstand besonderer Rechte sein können (§ 93), so muß hier eine Änderung der Rechtsverhältnisse eintreten.

Bei einer derartigen Verbindung beweglicher Sachen mit einem Grundstück erstreckt sich das Eigentum an der Liegenschaft auf die mit ihr verbundene Sache (§ 946). Bei der Verbindung von Fahrnissen zu einer einheitlichen Sache kommt es darauf an, ob die eine Sache als Hauptsache angesehen werden kann oder nicht. Im ersteren Falle wird der Eigentümer der Hauptsache Alleineigentümer des Ganzen; im zweiten Falle entsteht Miteigentum nach Bruchteilen im Verhältnis des Wertes, den die Sachen zur Zeit der Verbindung gehabt haben (§ 947).

2. Bei der Vermischung oder Vermengung von Sachen verschiedener Eigentümer bleiben die bisherigen Rechte bestehen, wenn eine Trennung möglich ist und auch ohne unverhältnismäßige Kosten bewirkt werden kann. Ist dies nicht der Fall, so entsteht Alleineigentum

oder Miteigentum nach Bruchteilen im Verhältnis des Wertes, je nachdem die eine Sache als Hauptsache angesehen werden kann oder nicht (§ 948).

3. Wird infolge dieser Vorschriften das Eigentum an einer Sache ohne dinglichen Ersatz aufgehoben, so erlöschen mit ihm auch die sonstigen dinglichen Rechte an der Sache, wie Nießbrauch und Pfandrecht. Tritt an die Stelle des bisherigen Eigentums Miteigentum, so gehen diese dinglichen Belastungen auf den Anteil des Miteigentümers an der gemeinschaftlichen Sache über. Ist die belastete Sache die Hauptsache, so daß ihr Eigentümer das Alleineigentum erlangt, so haften diese Lasten fortan an dem Ganzen (§ 949).

4. Den Begriff der Verarbeitung hat das Gesetzbuch weit erstreckt. Es versteht darunter die Herstellung einer neuen beweglichen Sache durch Verarbeitung oder Umbildung eines oder mehrerer Stoffe, und rechnet dahin auch die Bearbeitung der Oberfläche durch Schreiben, Zeichnen, Malen, Drucken, Gravieren. Ob im einzelnen Falle die Herstellung einer neuen Sache anzunehmen sei, ist Thatfrage, für deren Beantwortung die Anschauungen des Verkehrs, Sprachgebrauch u. s. w. in Betracht kommen.

Der erste Entwurf hatte dem Verfertiger der neuen Sache das Eigentum daran ohne jede Rücksicht auf das Verhältnis des Wertes von Stoff und Arbeit unterschiedslos zugesprochen (E. I, § 893); die Motive[1]) meinen, eine Abwägung der verschiedenen Beiträge an Arbeit und Stoff führe in der Praxis zu minder einfachen Resultaten und entspreche auch nicht dem Übergewichte, welches aus wirtschaftlichen Gründen der produktiven Thätigkeit gebührt. Ersteres ist gewiß richtig; nur ist das vom Gesetzgeber anzustrebende Ziel die Gerechtigkeit, Billigkeit, Zweckmäßigkeit seiner Vorschriften, nicht schablonenhafte Vereinfachung der Praxis. Was das Schlagwort der produktiven Thätigkeit angeht, so entfaltet sie im Sinne des Entwurfs auch der Dieb, der die gestohlenen kunstvollen Gold- oder Silbersachen einschmilzt, um nicht entdeckt zu werden. In der zweiten Kommission ist eine Einschränkung beigefügt worden: der Verfertiger wird nicht Eigentümer der neuen Sache, wenn der Wert der Verarbeitung oder der Umbildung erheblich geringer ist als der Wert den Stoffes (§ 950),[2]) dagegen hat man sich nicht entschlossen, das Erfordernis des guten Glaubens aufzustellen, wie dies beantragt war.

[1]) Band III, S. 361.

[2]) Vgl. Protokolle, Band III, S. 289 ff. Ist in einem solchen Falle zum

Durch die Verarbeitung kann Eigentum auch für einen anderen als den Verfertiger selbst entstehen. So erlangt, wenn sie ein Dienstbote, Geselle, Fabrikarbeiter vornimmt, das Eigentum der Geschäftsherr. Ebenso wird zu entscheiden sein, wenn bei einem Werkvertrage der Besteller den Stoff liefert: wer einem Schneider das Tuch zur Herstellung eines Anzugs übergeben hat, ist Eigentümer und hat im Konkurs des Schneiders ein Aussonderungsrecht, mag das Tuch noch unverändert vorhanden oder schon zerschnitten oder bereits zum Anzuge verarbeitet sein.

5. Die rechtlichen Folgen der Verbindung, Vermischung, Verarbeitung treten ein, ohne daß es einen Unterschied macht, ob diese Handlungen durch den Eigentümer oder durch einen Dritten, ob sie in gutem oder in bösem Glauben vorgenommen worden sind. Der eingetretene Rechtsverlust ist endgiltig: auch wenn der alte Zustand wiederhergestellt wird, kann das frühere Recht nicht mehr geltend gemacht werden. Dafür hat der durch den Verlust des Eigentums oder eines sonstigen Rechts Geschädigte bestimmte gesetzliche Ansprüche.

a) Gegen denjenigen, zu dessen Gunsten die Rechtsänderung eingetreten ist, kann er für die erlangte Bereicherung Vergütung in Geld fordern (§ 951 Abs. 1).

b) Die Wiederherstellung des früheren Zustandes kann zwar nicht verlangt werden (§ 951 Abs. 1); dagegen ist in sehr weitem Umfange ein Recht zur Wegnahme eingeräumt. Es steht demjenigen zu, der sein Eigentum dadurch eingebüßt hat, daß seine Sache durch ihn selbst oder durch einen anderen mit einer Hauptsache als wesentlicher Bestandteil verbunden worden ist. Ist er noch im Besitze der Sache, so kann er die Trennung selbst vornehmen, muß aber auf seine Kosten die fremde Sache wieder in den früheren Stand setzen; hatte er die Sache bereits herausgegeben, so kann er verlangen, daß ihm gegen Sicherheit die Wegnahme gestattet wird. Das Wegnahmerecht fällt fort, wenn die Verbindung nur zum Zwecke der gewöhnlichen Erhaltung der Hauptsache vorgenommen worden ist[1]) oder wenn die Abtrennung für ihn ohne Nutzen ist;[2]) auch kann die Ab-

Teile eigener zum Teil fremder Stoff verwendet worden, so sind §§ 947, 948 entsprechend anzuwenden: erscheint der eine Stoff als Hauptsache, so wird sein Eigentümer Alleineigentümer, anderenfalls entsteht Miteigentum im Verhältnisse des Werts der Stoffe; der Wert der Arbeit bleibt bei der Zuteilung des Eigentums außer Ansatz. Vgl. Planck-Greiff, Kommentar, zu § 956, Anm. 2 b.

[1]) Wie z. B. beim Einsetzen neuer Rebstöcke an Stelle der abgängigen u. dgl.

[2]) Vgl. l. 38 de R.V. (6,1): nihil laturus nisi ut officias.

trennung dadurch abgewendet werden, daß ihm der Wert ersetzt wird, den der losgelöste Bestandteil für ihn haben würde (§§ 951 Abs. 2, 997, 258, 994 Abs. 1).[1])

Außerdem dürfen der Mieter, Pächter, Entleiher, Nießbraucher, Wohnungsberechtigte, Pfandgläubiger, Vorerbe die Einrichtung wegnehmen, mit der sie die Sache versehen hatten (§§ 547, 581, 601, 1049, 1093, 1216, 2125, 258).

c) Wegen notwendiger oder nützlicher Verwendungen kann ein Anspruch auf Geldersatz zustehen (§§ 951 Abs. 2, 994 ff., 256, 292).

d) Wenn gegen den Geschädigten eine unerlaubte Handlung begangen worden ist, so kann er Schadensersatz nach den Vorschriften über unerlaubte Handlungen fordern (§§ 951 Abs. 2, 823 ff.). Er kann verlangen, daß der frühere Zustand wiederhergestellt, oder wenn dies nicht möglich ist oder zu seiner Entschädigung nicht ausreicht, ihm Ersatz in Geld geleistet werde. Ist die Herstellung des früheren Zustandes nur mit unverhältnismäßigen Kosten möglich, so kann er von dem Ersatzpflichtigen in Geld abgefunden werden (§§ 249, 251, 848, 849).

6. Der Gläubiger hat Eigentum an dem Schuldschein, der Leistungsberechtigte an der Urkunde über sein Recht, namentlich an dem Hypotheken-, Grundschuld-, Rentenbriefe. Ein Recht eines Dritten an der Forderung oder dem sonstigen Rechte, wie z. B. ein Pfandrecht erstreckt sich auf die Urkunde (§ 952). Demnach geht z. B. mit der Abtretung einer Forderung das Eigentum an dem darüber ausgestellten Schuldschein auf den neuen Gläubiger über, ohne daß es einer Übergabe des Scheins bedarf.

§ 9.

c) Erwerb von Erzeugnissen und sonstigen Bestandteilen der Sache.

1. Die Sachfrüchte betrachtet das Gesetzbuch bis zu ihrer Abtrennung als sog. wesentliche Bestandteile der fruchttragenden Sache (§ 94). Sie gehören daher so lange die Verbindung mit der Muttersache dauert, als bloße Sachteile deren Eigentümer. Erst durch die

[1]) Vgl. Windscheid-Kipp, Pandekten, Band I, § 190, Anm. Nr. 6. — Es ist entschieden zu bezweifeln, ob die Redaktionskommission, von der der Beschluß herrührt (E. II rev. § 936, Protokolle, Band VI, S. 888) so weit hat gehen wollen; indessen ergeben sich die Folgerungen aus der Fassung des Gesetzes.

Loslösung wird an ihnen ein selbständiges Eigentum möglich, das regelmäßig dem bisherigen Eigentümer zusteht;

§ 953: Erzeugnisse und sonstige Bestandteile einer Sache gehören auch nach der Trennung dem Eigentümer der Sache. —

Unter besonderen Voraussetzungen fällt das Eigentum an einen dinglich oder obligatorisch berechtigten oder an einen redlichen Erwerber (§§ 954—957).

2. Wer an einer fremden Sache ein dingliches Recht hat, „vermöge dessen er befugt ist, sich Erzeugnisse oder sonstige Bestandteile der Sache anzueignen", erwirbt an ihnen das Eigentum schon mit der Trennung, nicht erst wie der römische Nießbraucher[1]) mit der Besitzergreifung (§ 954). Zu solchen Rechten gehört vor allem der Nießbrauch (§§ 1030, 1039), ferner das Nutzpfand (§ 1213), möglicherweise auch das Erbbaurecht (§ 1013), eine Grunddienstbarkeit (§ 1018), eine beschränkte persönliche Dienstbarkeit (§ 1090).

Auch bei der gesetzlichen Nutznießung des Ehemanns am eingebrachten Gute der Frau und der Eltern am unfreien Kindesvermögen werden, wie beim Nießbrauche, die Früchte schon mit der Trennung dem Berechtigten erworben (§§ 1383, 1652, 1686).

3. Der bloß obligatorisch Berechtigte wie namentlich der Pächter, erwirbt nach römischem und gemeinem Recht die Früchte erst mit seiner Besitzergreifung; sein Erwerb beruht nicht wie beim Nießbraucher auf einem dinglichen Fruchtziehungsrechte an der fremden Sache, sondern er gründet sich auf eine Tradition des Eigentümers.[2]) Dieser kann, auch wenn er wie bei der Pacht verpflichtet ist, die Besitzergreifung verbieten und dadurch den Eigentumserwerb ausschließen.[3])

Nach dem Bürgerlichen Gesetzbuche ist bei demjenigen, dem der Eigentümer, an den die Früchte mit der Trennung fallen würden, gestattet, „sich Erzeugnisse oder sonstige Bestandteile der Sache anzueignen", zu unterscheiden, je nachdem er sich in dem ihm vom Eigentümer überlassenen Besitze der Sache befindet oder nicht. Im letzteren Falle erwirbt er das Eigentum erst mit der Besitzergreifung, im ersteren dagegen schon mit der Trennung. Auch kann, so lange dieser Besitz dauert, der Eigentümer die Erlaubnis nicht widerrufen,

---

[1]) L. 25 § 1 de usuris (22, 1).

[2]) L. 10 pr. de praescr. verb. (19, 5); l. 62 § 8 de furt. (47, 2).

[3]) L. 6 de donat. (39, 5).

wenn er zu ihrer Erteilung verpflichtet ist (§ 956). Durch diese Vorschrift ist der Fruchtberechtigte, wie z. B. der Pächter dem Eigentümer gegenüber weit sicherer und unabhängiger gestellt, als im römischen Rechte.

Die gleichen Vorschriften gelten, wenn die Gestattung durch einen dinglich Berechtigten oder einen obligatorisch Berechtigten, der den Besitz der Sache hat, erteilt worden ist (§ 956 Abs. 2). Daher wird z. B. ein Unterpächter, dem der Pächter den Besitz des Pachtguts überlassen hat, Eigentümer der Früchte mit ihrer Trennung.

4. In sehr weitem Umfange begünstigt das Gesetzbuch bei dem Fruchterwerb den guten Glauben der Beteiligten.

a) Wie nach römischem Rechte erwirbt der gutgläubige Eigenbesitzer einer fremden Sache an deren Früchten das Eigentum mit der Trennung von der Muttersache.[1]) Dieser Erwerb erstreckt sich außer auf die Erzeugnisse auch auf die sonstige bestimmungsgemäße Ausbeute aus der Sache (§ 99). Erfordert wird, daß er beim Erwerbe des Besitzes der Sache in gutem Glauben gewesen ist, d. h. den seinen Eigentumserwerb ausschließenden Rechtsmangel weder gekannt noch bloß aus grober Fahrlässigkeit nicht erkannt hat; ferner, daß er auch bis zur Trennung der Früchte von dem Rechtsmangel nichts erfahren hat.

b) In der gleichen Weise und unter der gleichen Voraussetzung erwirbt die Früchte, wer die Sache auf Grund eines ihm vermeintlich zustehenden Nutzungsrechts besitzt (§ 955 Abs. 2).

Eine Unterbrechung des Besitzes schließt diesen Fruchterwerb des Eigen- oder Nutzungsbesitzers dann nicht aus, wenn sie den Besitz ohne ihren Willen verloren hatten und ihn innerhalb eines Jahres oder auf Grund einer vor Ablauf eines Jahres erhobenen Klage wiedererlangt haben (§§ 955 Abs. 3, 940 Abs. 2).

c) Dem Fruchterwerbe des Eigenbesitzers, sei er Eigentümer oder nur redlicher Besitzer einer fremden Sache, steht ein dingliches Fruchtbezugsrecht eines Dritten dann nicht entgegen, wenn er wegen dieses Rechtes bei seinem Besitzerwerbe in gutem Glauben gewesen ist und auch bis zur Trennung der Früchte nichts von dem fremden Rechte erfahren hat.

Die gleiche Begünstigung gilt für den Nutzungsbesitzer, mag er wirklich zur Nutzung dinglich berechtigt oder nur über sein vermeintliches Nutzungsrecht in gutem Glauben sein (§ 955 Abs. 2).

[1]) L. 25 § 1 de usuris (22, 1).

d) Endlich wird ein redlicher Erwerber auch dann geschützt, wenn ihm von einem Nichtberechtigten die Aneignung von Früchten oder sonstigen Bestandteilen der Sache gestattet worden ist. Er erwirbt sie, wenn ihm der Besitz der Sache überlassen worden ist, schon mit der Trennung, sonst erst mit der Besitzergreifung. Erfordert wird im zweiten Falle guter Glaube bei der Besitzergreifung an den Früchten, im ersten Falle guter Glaube bei der Erlangung des Besitzes an der Muttersache und bis zu der Trennung der Früchte fortdauernde Unkenntnis des Rechtsmangels (§ 957). Ist ihm diese Erlaubnis zur Aneignung unentgeltlich erteilt worden, so ist er dem Berechtigten gegenüber nach § 816 zur Herausgabe der unmittelbar erlangten rechtlichen Vorteile verpflichtet.

5. Früchte, die auf ein nicht dem öffentlichen Gebrauche dienendes Nachbargrundstück hinüberfallen, gelten als Früchte dieses Grundstücks (§ 911).

§ 10.

d) Fund.

1. Mit großer Ausführlichkeit behandelt das Gesetzbuch das Fundrecht; es umfaßt nicht weniger als zwanzig Paragraphen (§§ 965 bis 984). Diese Bestimmungen regeln nicht nur den Eigentumserwerb an gefundenen Sachen, sondern auch die sonstigen Rechte des Finders, sowie seine Verpflichtungen, die an sich dem Rechte der Schuldverhältnisse angehören. Für die obligatorischen Beziehungen ist nicht etwa auf das Recht der Geschäftsführung ohne Auftrag (§§ 677—687) verwiesen, das nach römischem Rechte auf den ehrlichen Finder anwendbar sein kann,[1]) sondern es sind sehr ins einzelne gehende Vorschriften aufgestellt. Je nach Lage des Falls kann das Recht der Geschäftsführung ohne Auftrag Anwendung finden.

Gegenstand des Funds sind verlorene Sachen (§ 965). Welche Sachen darunter zu verstehen sind, ist im Gesetzbuche nicht angegeben und auch nicht aus den §§ 935, 1006, 1007 zu entnehmen, wo die verlorenen Sachen neben den gestohlenen als Beispiele für die abhanden gekommenen Sachen aufgeführt werden. Eine erschöpfende Begriffsbestimmung erscheint aussichtslos: für die Anwendbarkeit des

[1]) Der unredliche Finder, der die gefundene Sache in gewinnsüchtiger Absicht an sich nimmt, begeht ein furtum; vgl. l. 43 § 4 sq. de furtis (47, 2), wo in § 8 Bekanntmachung des Funds (libellum proponere) mit dem Anerbieten zur Rückgabe erwähnt wird. Einen Fundlohn (εὕρετρα) zu fordern, galt nicht für recht anständig (non probe), § 9 eod.

Fundrechts kann außer den besonderen Umständen des Verlierens auch die Art des Findens in Betracht kommen. Außer den verlorenen Sachen im gewöhnlichen Sinne, wie z. B. Sachen, die dadurch abhanden gekommen sind, daß sie dem Verlierer aus der Tasche gefallen, von ihm an einem ihm nicht mehr erinnerlichen Orte liegen gelassen worden sind, gehören hierher auch entlaufene Tiere (§ 971), bei einer Überschwemmung fortgetriebene Sachen u. s. w.[1]) Daß bereits der Besitzverlust nach § 856 Abs. 1 eingetreten war, ist nicht erforderlich.[2])

2. Der Fund vollzieht sich dadurch, daß der Finder die verlorene Sache „findet und an sich nimmt" (§ 965), d. h. sie in Besitz nimmt.

3. Die Verpflichtungen des Finders sind:

a) Er muß seinen Fund unverzüglich dem Eigentümer oder dem Verlierer oder einem sonstigen Empfangsberechtigten anzeigen. Kennt er diese Empfangsberechtigten oder ihren Aufenthalt nicht, so muß er unverzüglich seinen Fund und dessen nähere Umstände einer Polizeibehörde anzeigen (§ 965).

b) Er muß die Sache verwahren (§ 966). Dadurch ist nicht ausgeschlossen, daß er sie wieder an den früheren Platz hinlegt, nachdem er sie bloß zum Zwecke der Besichtigung aufgehoben hatte; denn hier hatte er sie noch nicht an sich genommen.

c) Er hat verderbbare Sachen und Sachen, deren Aufbewahrung unverhältnismäßig kostspielig ist, nach vorheriger Anzeige bei der Polizeibehörde öffentlich versteigern zu lassen. An die Stelle der Sache tritt dann der Erlös (§ 966 Abs. 2). Über den Eigentumserwerb des Steigerers enthält das Gesetzbuch keine Vorschrift; die Motive[3]) leiten ihn aus der gesetzlichen Ermächtigung des Veräußerers ab. Eine Klarstellung im Gesetze wäre wünschenswert gewesen, besonders da für den Pfandverkauf eine ausdrückliche Bestimmung aufgestellt ist

[1]) Danach ist der Begriff der verlorenen Sache in § 965 weiter als in §§ 935, 1006, 1007; er umschließt auch Fälle, die nach den letzten Paragraphen als sonstiges Abhandenkommen zu betrachten sind; vgl. auch Planck-Greiff, Kommentar zu § 965, 1a.

[2]) Fischer-Henle zu § 965, Anmerk. 1; anderer Ansicht: Biermann, Kommentar zu § 965 Anm. 1, Planck-Greiff, Kommentar a. a. O. Rucksäcke, Eispickel, die vor einer Kletterpartie zurückgelassen worden sind, sind überhaupt nicht verloren und bilden daher keinen Gegenstand des Funds, wohl aber die am gleichen Orte vergessene Brieftasche, auch wenn der Bergsteiger sich erinnert, daß und wo er sie liegen gelassen hat; der Besitz kann auch an der Brieftasche noch fortgedauert haben.

[3]) Band III S. 378.

(§ 1242), und die Regeln über den Erwerb in gutem Glauben meist keine Anwendung finden, da der Steigerer gewöhnlich weiß oder wissen muß, daß der Veräußerer nicht Eigentümer ist (§§ 932—935). Es ist anzunehmen, daß der Ersteher freies Eigentum erwirbt.

d) Er hat der Polizeibehörde auf Verlangen die Sache oder den Erlös abzuliefern (§ 967); seine Rechte werden durch diese Ablieferung nicht berührt (§ 975).

Wie der Geschäftsführer, der eine dringende Gefahr von dem Geschäftsherrn abwenden will, haftet auch der Finder nur für Versatz und grobe Fahrlässigkeit (§§ 968, 680). Durch Rückgabe an den Verlierer wird er allen Berechtigten gegenüber von allen Verbindlichkeiten frei (§ 969).

4. Den Verpflichtungen des Finders stehen einzelne Berechtigungen gegenüber. Er hat Anspruch auf Ersatz seiner Aufwendungen, die er für erforderlich halten durfte (§§ 970, 673) und auf Fundlohn. Dieser Finderlohn beträgt von dem Werte der Sache bis zu dreihundert Mark fünf vom Hundert, von dem Mehrwerte eins vom Hundert, bei Tieren überhaupt nur eins vom Hundert. Der Anspruch auf den Finderlohn fällt weg, wenn der Finder den Fund auf Nachfrage verheimlicht oder seine Anzeigepflicht verletzt hat (§ 971). Zur Durchsetzung dieser Ansprüche steht dem Finder ein Zurückbehaltungsrecht zu. Außerdem kann er diese Ansprüche gegen den Empfangsberechtigten verfolgen, wenn dieser die Sache zurückerlangt oder seine Genehmigung erteilt. Jedoch kann sich der Empfangsberechtigte seinen Verpflichtungen durch Rückgabe der Sache an den Finder entziehen. Diese Rückgabe wird unzulässig durch die Genehmigung, die ausdrücklich ausgesprochen werden kann und die als erteilt gilt, wenn die durch den Finder unter Vorbehalt seiner Rechte angebotene Sache angenommen wird. Liefert der Finder die Sache aus, so erlöschen seine Ansprüche nach dem Ablaufe eines Monats, wenn er nicht vorher sie gerichtlich verfolgt oder die Genehmigung erlangt (§§ 972, 1000—1002).

5. Das freie Eigentum an der gefundenen Sache erlangt der Finder:

a) mit dem Ablaufe eines Jahres von der Anzeige des Fundes bei der Polizeibehörde, wenn sich vorher ein Berechtigter weder bei der Behörde gemeldet hat noch dem Finder bekannt geworden ist (§ 973 Abs. 1).

b) Haben sich innerhalb dieser Frist Praetendenten gemeldet oder sind sie dem Finder bekannt geworden, so kann er sie zu einer Erklärung über seine Ansprüche unter Bestimmung einer angemessenen Frist auffordern. Er erlangt dann das Eigentum, wenn nicht innerhalb dieser Frist die Berechtigten sich bereit erklären, seine Ansprüche zu befriedigen (§ 974).

Dieses Recht des Finders auf Erwerb des Eigentums geht auf die Gemeinde des Fundortes über, wenn der Finder der Polizeibehörde gegenüber auf dieses Recht verzichtet (§ 976 Abs. 1). Hat der Finder die Sache oder den Erlös bei der Polizeibehörde hinterlegt, so geht das für ihn erworbene Eigentum an der Sache oder dem Erlöse auf die Gemeinde über, wenn er nicht innerhalb einer ihm von der Behörde bestimmten Frist die Herausgabe fordert (§ 976 Abs. 2).

Der eingetretene Rechtsverlust ist für den Eigentümer oder den sonstigen Berechtigten endgiltig. Es steht ihnen aber noch während einer dreijährigen Ausschlußfrist gegen den Finder oder die Gemeinde ein Anspruch wegen ungerechtfertigter Bereicherung zu. Nach einer fehlerhaften Bestimmung[1]) des zweiten Entwurfs (§ 892) und des Gesetzbuchs haben sie anders als nach dem ersten Entwurfe (§ 922 Abs. 1 vgl. § 919 Abs. 2) diesen Anspruch auch in dem Falle, wo nach § 974 wegen nicht rechtzeitiger Anmeldung der Finder das Eigentum erwirbt und die sonstigen Rechte an der Sache erlöschen (§ 977). Dieser sorgliche teilweise übertriebene Schutz des Verlierers steht in auffälligem Gegensatze zu der Gefährdung des Eigentümers durch die Vorschriften über den Erwerb in gutem Glauben (§§ 932 bis 936).

6. Ist die gefundene Sache nicht über drei Mark wert, so ist die Anzeige bei der Polizeibehörde nicht erforderlich. Die einjährige Frist für den Eigentumserwerb des Finders beginnt hier schon mit dem Funde (§§ 965, 973, 974).

7. Besondere Regeln gelten für Sachen, die in den Räumen oder Beförderungsmitteln einer Behörde oder Verkehrsanstalt gefunden werden. Sie sind durch den Finder unverzüglich abzuliefern und können auf Veranlassung der Behörde oder Anstalt unter bestimmten Voraussetzungen öffentlich versteigert werden. Der Finder hat keinen Anspruch auf Finderlohn (§§ 978—982 vgl. 983).

8. Unter dem Schatze versteht das Gesetzbuch „eine (bewegliche)

[1]) Verteidigt wird sie von Planck-Greiff, Kommentar, zu § 977 Anm. 1.

Sache, die so lange verborgen gelegen hat, daß der Eigentümer nicht mehr zu ermitteln ist" (§ 984).[1]) Daß die Sache absichtlich verborgen worden war, ist nicht erforderlich; die Sache, worin der Schatz gefunden wird, kann ein Grundstück oder eine bewegliche Sache sein. Wird der Schatz infolge der Entdeckung durch den Entdecker oder einen Dritten in Besitz genommen, so entsteht kraft Gesetzes für den Entdecker und für den Eigentümer der Sache, in welcher der Schatz verborgen war, Miteigentum zur Hälfte (§ 984). Ist der Entdecker zugleich Eigentümer dieser Sache, so erlangt er das Alleineigentum.

§ 11.

e) Erwerb durch Übertragung.

α) Übertragung durch den Eigentümer oder andere Berechtigte.

1) Wie nach römischem Rechte[2]) ist auch nach dem bürgerlichen Gesetzbuche ein besonderer Vertrag, die Übertragung erforderlich, wenn bewegliche Sachen im Wege der Veräußerung aus dem Eigentum des Veräußerers in das Eigentum des Erwerbers übergehen sollen. Dieser dingliche Vertrag ist wohl zu unterscheiden von dem obligatorischen Vertrage, der ihm regelmäßig, wenn auch nicht notwendig,[3]) vorangeht, wie z. B. ein Kaufvertrag und der erst die Verpflichtung zur Verschaffung des Eigentums begründet (§§ 433, 1446, 1448). Auf einem anderen Standpunkte steht das französische Recht: nach ihm geht schon mit dem Abschlusse des obligatorischen Vertrags regelmäßig auch das Eigentum über (Code civil, Art. 711, 1583, 938).

> Das Gesetzbuch erfordert zur Übertragung: „daß der Eigentümer die Sache dem Erwerber übergiebt und beide darüber einig sind, daß das Eigentum übergehen soll. Ist der Erwerber im Besitze der Sache, so genügt die Einigung über den Übergang des Eigentums" (§ 929).

Danach ist zur Übertragung nötig:

a) Die „Einigung" über den Übergang des Eigentums auf den Erwerber. Diese „Einigung" ist ebenso wie im Falle der Auflassung und sonstiger Verfügungen über Grundstücke (§§ 925, 873) ein

[1]) L. 31 § 1 de A.R.D. (41,1): Thesaurus est vetus quaedam depositio pecuniae, cuius non extat memoria ut iam dominum non habeat.

[2]) c. 20 c. de pact. (2, 3): Traditionibus et usucapionibus dominia rerum, non nudis pactis transferuntur; l. 50 pr. D. de R. V. (6, 1).

[3]) z. B. beim Handgeschenk.

Vertrag, als welcher sie auch im ersten Entwurfe (§§ 874, 868, 828) bezeichnet war, und untersteht daher den allgemeinen Vorschriften über die Rechtsgeschäfte und Verträge (§§ 104—185). Es kann dabei eine Bedingung beigefügt und z. B. bei der Übertragung der Ware der Eigentumsübergang von der Zahlung des Kaufpreises abhängig gemacht werden (§ 455).

Die Einigung über den Eigentumsübergang kann ausdrücklich erklärt werden oder stillschweigend erfolgen und namentlich in der Übergabe und Annahme der Sache enthalten sein.

Eine Vertretung durch einen gesetzlichen oder bevollmächtigten Vertreter ist sowohl bei dem Veräußerer als bei dem Erwerber möglich.

b) Übergabe der Sache durch den Veräußerer an den Erwerber. Zweck dieser Übergabe ist, dem Erwerber den Besitz zu verschaffen; es gelten für sie daher die Vorschriften über den Erwerb des Besitzes und so genügt schon die bloße Einigung unter den Beteiligten, wenn der Erwerber zwar nicht Besitzer, aber z. B. als Besitzdiener in der Lage ist, die Gewalt über die Sache auszuüben (§ 854 Abs. 2).

Hat der Erwerber bereits den Besitz, z. B. als Mieter, Pächter, Pfandgläubiger, Verwahrer, so fällt die Übergabe überhaupt weg und reicht die Einigung über den Eigentumsübergang aus (§ 929). Durch sie giebt der Veräußerer seinen mittelbaren Besitz auf, so daß der bisherige Besitzmittler jetzt Alleinbesitzer geworden ist.

Auch bei dieser Übergabe ist Vertretung sowohl des Veräußerers als des Erwerbers nach den Regeln des Besitzrechts möglich.[1])

Die Übergabe der Sache kann zu sehr verschiedenen Zwecken geschehen: außer zum Zwecke der Eigentumsübertragung auch zum Zwecke der Bestellung eines Nießbrauchs (§ 1032), eines Pfandrechts (§ 1205), der Überlassung zu Miete, Pacht, Leihe, zur Verwahrung (§ 688) u. s. f. Ist die Einigung über den Eigentumsübergang nicht ausdrücklich erklärt, so ist den Umständen des einzelnen Falls zu entnehmen, ob sie in der Übergabe und Annahme der Sache gefunden werden kann. Für die Beantwortung dieser Auslegungsfrage kommt namentlich auch der etwa vorangegangene obligatorische Vertrag in Betracht.

2. Die Übergabe kann ersetzt werden:

a) Wenn der veräußernde Eigentümer im Besitze ist, durch die

---

[1]) Über den Eigentumsübergang bei versendeten Sachen vergl. Schröder, Zeitschr. für Handelsrecht, Band 51 S. 89 ff.

zwischen ihm und dem Erwerber getroffene Vereinbarung eines Rechtsverhältnisses, vermöge dessen der Erwerber zwar nicht den Alleinbesitz aber den mittelbaren Besitz erlangt. Der Eigentümer, der bis dahin unmittelbarer oder mittelbarer Eigenbesitzer war, wird zum Fremdbesitzer (constitutum possessorium[1]) (§ 930).

Auch hierbei ist eine Vertretung des Veräußerers oder Erwerbers möglich. So kann z. B. der Vormund Sachen für den Mündel erwerben, indem er mit dem Veräußerer vereinbart, daß dieser sie für den Mündel verwahren soll, oder Sachen des Mündels veräußern, indem er sie selbst für den Erwerber in Verwahrung behält.

Ist einem kaufmännischen Kommissionär der Ankauf, Umtausch, Bezug von Wertpapieren aufgetragen, so geht spätestens mit der Absendung des Stückeverzeichnisses das Eigentum an den darin verzeichneten Stücken auf den Kommittenten über (Reichsg., betr. die Pflichten der Kaufleute bei Aufbewahrung fremder Wertpapiere vom 5. Juli 1896 § 7). Das Eigentum kann aber nach den „Bestimmungen des bürgerlichen Rechts" schon früher übergehen (angef. § 7). Dies war bisher z. B. nach gemeinem Rechte und Preußischem Landrecht anzunehmen, wenn der Kommissionär die gekauften Wertpapiere nach ihren Nummern in seine Handelsbücher, namentlich in das Depotkonto eintrug,[2]) oder sie mit dem Namen des Auftraggebers bezeichnete, in ein besonderes Behältnis legte, dem Kommittenten Mitteilung machte.[3])

Auch nach dem bürgerlichen Gesetzbuche kann dies vorkommen; ein Vertreter kann im Namen des Vertretenen mit sich im eigenen Namen oder als Vertreter eines Dritten ein Rechtsgeschäft vornehmen, wenn das Geschäft ausschließlich in der Erfüllung einer Verbindlichkeit besteht (§ 181). Der Kommissionär ist verpflichtet, dem Kommittenten herauszugeben, was er aus der Geschäftsbesorgung erlangt hat (H.G.B. § 384) und er kann in Erfüllung dieser Verpflichtung dem Kommittenten das Eigentum an den für ihn bestimmten Wertpapieren auf eine der angegebenen Arten übertragen. Ist er beauftragt, börsengängige Wertpapiere einzukaufen, so kann er auch seine eigenen Papiere als Verkäufer liefern (H.G.B. § 400) und übereignen. Auch der Beauftragte oder der Vormund können in Er-

---

[1]) L. 18 pr. D. de poss. (41, 2), l. 77 de R. V. (6, 1).

[2]) Entscheidungen des Reichsoberhandelsgerichts, Bd. 25 Nr. 68 (gemeines Recht).

[3]) Entscheidungen des Reichsgerichts in Civilsachen, Band XI Nr. 14 (preußisches Recht, Allg. Landr. I, 7, § 71.)

füllung ihrer Verpflichtungen (z. B. §§ 668, 1834) Eigentum auf den Auftraggeber oder Mündel in entsprechender Weise übertragen.

b) „Ist ein Dritter im Besitze der Sache, so kann die Übergabe dadurch ersetzt werden, daß der Eigentümer dem Erwerber den Anspruch auf Herausgabe der Sache abtritt" (§ 931). Der Anspruch, an den hier gedacht ist, ist offenbar der dingliche Anspruch auf Herausgabe, welcher dem Eigentümer gegen den Besitzer seiner Sache zusteht (§ 985), daneben der etwaige persönliche Anspruch auf Herausgabe gegen den Besitzmittler. Zur Abtretung und somit zur Verschaffung des Eigentums genügt der bloße Abtretungsvertrag (§§ 413, 398 ff.).

Bei dieser Art der Übereignung kann der dritte Besitzer Fremdbesitzer (z. B. Mieter, Verwahrer, Pfandgläubiger) oder Eigenbesitzer sein, wie der redliche Besitzer oder der Dieb. Der Veräußerer kann mittelbarer Besitzer sein (§ 868) oder gar keinen Besitz haben, wie der Bestohlene oder der Eigentümer, dem ein redlicher Besitzer gegenüber steht. Gegen eine Verschlechterung seiner Rechtslage ist der Drittbesitzer dadurch geschützt, daß er seine dinglichen Rechte an der Sache behält (§ 936 Abs. 3) und seine Einwendungen gegen den abgetretenen Anspruch auch dem neuen Eigentümer entgegensetzen kann (§ 986 Abs. 2).

Diese Übereignung durch Abtretung des Anspruchs auf Herausgabe war dem ersten Entwurfe unbekannt: nach ihm war in solchen Fällen eine Übergabe an einen Dritten nur möglich durch die Anweisung des Besitzers an den Inhaber, die thatsächliche Gewalt fortan für diesen Dritten auszuüben und durch die Erklärung des Besitzwillens durch diesen Dritten. Dabei wurde der Erwerb durch unverzüglichen Widerspruch des Inhabers verhindert (E. I, § 804), war also von dessen Willen abhängig. Die neue Regelung wurde von der zweiten Kommission unter anderm aus dem Grunde beschlossen, weil „ein unabweisbares praktisches Bedürfnis fordere, daß dem Eigentümer einer beweglichen Sache auch dann die rechtliche Möglichkeit gewährt werde, das Eigentum an der Sache zu übertragen, wenn weder er selbst, noch derjenige, auf welchen das Eigentum übertragen werden soll, sondern ein Dritter im Besitze der Sache sich befindet."[1])

Bei dieser Regelung ist der Fall nicht berücksichtigt, wo die zu veräußernde Sache sich überhaupt nicht im Besitze befindet, weil z. B.

[1]) Protokolle, Band III S. 202.

der Eigentümer seinen Besitz durch Verlieren eingebüßt und kein Dritter ihn erworben hat, oder weil der Drittbesitzer, sei er Dieb oder redlicher Besitzer, seinen Besitz aufgegeben, z. B. die Sache weggeworfen hat. Auch in derartigen Fällen kann die Ermöglichung der Übereignung durch ein praktisches Bedürfnis geboten sein. Wie ist es, wenn die besitzlose Sache in die Gewalt des Veräußerers kommt, z. B. die vom Diebe weggeworfene Sache von dem Bestohlenen später gefunden wird; soll dann ihm das Eigentum zustehen, obgleich er seinen Anspruch auf Herausgabe abgetreten hat? Für den Fall, daß der Erwerber die Sache in seine Gewalt bekommt, könnte man vielleicht annehmen, daß jetzt dadurch die Übergabe nach § 929 bewirkt sei; indessen könnte diese Auffassung, z. B. bei den nach Abtretung des Eigentumsanspruchs gezogenen Früchten zu Unbilligkeiten gegen den Erwerber führen. Es erscheint daher angebracht, § 931 ausdehnend auszulegen und ihn auf die Fälle zu erstrecken, wo die Sache, die durch Abtretung des Eigentumsanspruchs veräußert werden soll, von niemand besessen wird, ein Anspruch auf Herausgabe also zur Zeit nicht besteht.[1]) Die Schwierigkeit wäre vermieden worden, wenn man in dem Falle, wo der Veräußerer nicht Besitzer der Sache ist, eine Übereignung durch einen auf Übertragung des Eigentums gerichteten Vertrag zwischen ihm und dem Erwerber anerkannt hätte.

c) An Seeschiffen geht das Eigentum ohne Übergabe auf den Erwerber über, wenn der sofortige Eigentumsübergang vereinbart wird (H.G.B. S. 474, 1—3, E.G. zum H.G.B. Art. 6).

d) Ohne Übertragung erlangt der Erwerber eines Grundstücks mit dem Eigentume an dem Grundstücke auch das Eigentum an den dem Veräußerer gehörenden Zubehörstücken, vorausgesetzt, daß sich die Veräußerung auch auf das Zubehör erstrecken soll, was übrigens im Zweifel vermutet wird (§ 926 Abs. 1).

e) Die Übergabe durch den Eigentümer kann ersetzt werden durch Wegnahme seitens des Gerichtsvollziehers, wenn der Schuldner zur Übertragung des Eigentums verurteilt ist und der Gerichtsvollzieher die Sache zum Zwecke der Ablieferung an den Gläubiger wegnimmt. Das Eigentum geht nicht erst mit der Ablieferung, sondern schon mit der Wegnahme auf den Gläubiger über.[2])

---

[1]) Anderer Ansicht Cosack, Lehrbuch, Band II, § 199, IV; Planck-Greiff, Kommentar zu § 931 Anm. 2.

[2]) Vergl. Entsch. des Reichsgerichts in Civilsachen, Band 16 Nr. 99, Band 39 Nr. 89.

f) Hat ein Nichtberechtigter über die Sache ohne Einwilligung des Berechtigten verfügt, so ist seine Verfügung unwirksam; sie wird aber wirksam durch die Genehmigung des Berechtigten, ferner dann, wenn der Verfügende später die Sache, z. B. als Erbe erwirbt[1]) oder wenn ihn der Berechtigte beerbt[2]) und unbeschränkt für die Nachlaßverbindlichkeiten haftet (§ 185).

Weitaus einschneidender als diese, auch dem römischen Rechte bekannten Regeln, sind die dem deutschen Rechte entstammenden Vorschriften über den Erwerb in gutem Glauben.

§ 12.

β) Der Erwerb in gutem Glauben.

I. Den Erwerb durch Übertragung kennt das römische Recht nur als abgeleiteten Erwerb. Für ihn gilt der Grundsatz, daß niemand mehr Recht übertragen kann, als er selber besitzt. Ist der Veräußerer nicht Eigentümer, so erlangt auch der Empfänger kein Eigentum; ist das Eigentum des Veräußerers beschränkt, so geht auch nur beschränktes Recht auf den Erwerber über.[3])

Wenn somit auch dem redlichen Erwerber der sofortige Eigentumserwerb versagt wird, so ist er doch in sehr umfassender Weise geschützt. Er kann an beweglichen Sachen durch eine besonders knapp bemessene Ersitzung das Eigentum erwerben.[4]) Mit der Actio Publiciana bringt der redliche und titulierte Erwerber gegen jeden durch, der nicht gleiches oder besseres Recht hat. Der Eigentümer kann ihr allerdings die exceptio dominii entgegensetzen,[5]) muß aber dabei, obgleich er im Besitze ist, sein Eigentum beweisen,[6]) und es kann überdies seine exceptio unter Umständen mit der replicatio rei venditae et traditae zurückgewiesen werden.[7]) Dem Eigentümer bleibt zwar seine Eigentumsklage, aber auch gegen sie kann sich der redliche Erwerber in bestimmten Fällen mit der exceptio rei venditae et traditae erfolgreich verteidigen.[8])

---

1) L. 1 pr. de exc. rei vend. et trad. (21, 3).

2) L. 1 § 1 eod.

3) L. 20 pr. de A. R. D. (41, 1).

4) Gai. II, § 42, Ulp. XIX, 8: ein Jahr; vgl. c. un. § 2 C. de usuc. transf. (7, 31) Just.: drei Jahre.

5) L. 16, 17 de Publ. act. (6, 2).

6) L. 14 pr. de prob. (22, 3), l. 25 § 2 eod.

7) L. 4 § 32 de dol. exc. (44, 4); l. 72 de R. V. (6, 1).

8) L. 1 pr. § 1, l. 3 pr. § 1 de exc. rei vend. et trad. (21, 3).

Mit dieser Ausgestaltung des Rechtsschutzes für den gutgläubigen Erwerber ist das römische Recht so weit gegangen als möglich war, ohne dem redlichen Erwerbe das Eigentum aufzuopfern. Diese Preisgebung des Eigentümers sollte vermieden werden:

L. 17 de Publ. act. (6, 2): Publiciana actio non ideo comparata est, ut res domino anferatur, sed ut is, qui bona fide emit possessionemque eius ex ea causa nactus est, potius rem habeat.

Dabei kam für den Schutz des Eigentümers auch noch in Betracht, daß die widerrechtliche Veräußerung fremder Sachen ein Fall des furtum war[1]) und daher die Sache als res furtiva nicht ersessen werden konnte.[2]) Dafür kann sich bei entgeltlichem Erwerbe und namentlich beim Kaufe der Erwerber, dem die Sache durch den Eigentümer abgestritten wird, an den Veräußerer halten[3]) und es haftet auch der Schenker einer fremden Sache, wenn er böswillig gehandelt hat, dem Beschenkten auf Schadensersatz.[4])

II. Das bürgerliche Gesetzbuch ist nicht dem römischen Rechte gefolgt, sondern hat sich wie das französische Recht (Code civil Art. 2279) und das Handelsrecht (Allg. H.G.B. Art. 306—308) der deutschen Rechtsentwicklung angeschlossen. Es ist zwischen verlorenen Sachen und anvertrautem Gute zu unterscheiden, d. h. zwischen Sachen, die dem Eigentümer ohne seinen Willen abhanden gekommen sind, und solchen, die er willentlich aus seinem Gewahrsam weggegeben hat. Nur die verlorenen Sachen können von einzelnen Ausnahmen abgesehen auch gegen den redlichen Erwerber verfolgt werden. Dagegen erlangt an anvertrauten Sachen der gutgläubige Erwerber, auch wenn er sie von einem Nichtberechtigten erwirbt, das Eigentum und so steht dem ursprünglichen Eigentümer der Eigentumsanspruch nur gegen den ersten Empfänger und den unredlichen Erwerber zu (§§ 932—936).

Mit diesen Vorschriften ist der Schritt gethan, den die Römer vermieden hatten und bei einem Zusammenstoß zwischen dem Eigentümer und dem gutgläubigen Erwerber das Eigentum zum Opfer gebracht.

1. § 932 Satz 1 bestimmt: Durch eine nach § 929 erfolgte Veräußerung wird der Erwerber auch dann Eigentümer, wenn

---

1) L. 74 D. de furtis (47, 2); § 3 J. de usucap. (2, 6).

2) § 3 J. cit.; l. 36—38 de furt. (47, 2).

3) Dig. 21, 2 de evict.

4) L. 18 § 3 D. de donat. (39, 5).

die Sache nicht dem Veräußerer gehört, es sei denn, daß er zu der Zeit, zu der er nach diesen Vorschriften das Eigentum erwerben würde, nicht in gutem Glauben ist.

Der gute Glaube ist ausgeschlossen nicht nur, wenn dem Erwerber bekannt gewesen ist, daß die Sache nicht dem Veräußerer gehört, sondern auch wenn ihm dies infolge grober Fahrlässigkeit unbekannt ist (§ 929 Abs. 2). Seinen guten Glauben braucht, wie aus der Fassung des § 929 hervorgeht, nicht der Erwerber zu beweisen, sondern es ist Sache des Eigentümers darzuthun, daß der Erwerber nicht in gutem Glauben gewesen sei. Diese Erschwerung der Lage des Eigentümers wurde erst von der zweiten Kommission mit 9 gegen 8 Stimmen beschlossen, um mit Rücksicht auf das Verkehrsinteresse den redlichen Erwerber durch eine ihm günstige Verteilung der Beweislast ausgiebig zu schützen,[1]) während noch der erste Entwurf ihm die Beweispflicht für seinen guten Glauben auferlegt hatte (E. I. § 877). Man darf aber aus diesem Wortlaute des Gesetzes nicht etwa schließen, daß auch die zum Zwecke der Veräußerung vorgenommene Übertragung durch einen Nichteigentümer an sich den Erwerber zum Eigentümer macht und er nur dann kein Eigentum erwirbt, wenn er nicht in gutem Glauben ist. Die ganz singuläre Vorschrift ist nur zur Sicherung des redlichen Erwerbers aufgestellt und so ist der gute Glaube gerade die wesentliche Voraussetzung seines ausnahmsweisen Rechtserwerbs, nicht der böse Glaube ein Ausschließungsgrund.[2]) Entsprechendes gilt für den Fruchterwerb in gutem Glauben (§§ 955, 957) und für die Ersitzung (§ 937). Zum Sprachgebrauche des Gesetzbuchs ist zu bemerken, daß da wo es den guten Glauben verlangt, der Kenntnis des Rechtsmangels die durch grobe Fahrlässigkeit verschuldete Unkenntnis gleichsteht (vgl. namentlich § 932 Abs. 2).

2. Gegenüber dem Erwerb durch Übertragung seitens des Eigentümers ist der Erwerb auf Grund des guten Glaubens mehrfach erschwert. Ist der Erwerber im Besitze der Sache, so wird er durch den Vertrag über den Erwerb nur dann Eigentümer, wenn er den Besitz von dem Veräußerer erlangt hatte (§ 932 Abs. 1 Satz 2). Das bloße constitutum possessorium genügt nicht zur Verschaffung des Eigentums, sondern es muß noch die Übergabe der Sache durch den Veräußerer hinzukommen und der Erwerber dabei in gutem Glauben sein (§ 933).

---

[1]) Protokolle, Band III, S. 207 ff.

[2]) Vgl. die zutreffenden Bemerkungen von Dernburg, Bürgerliches Recht, Band III, S. 91.

Auch die Abtretung des Anspruchs auf Herausgabe reicht nur dann aus, wenn der Veräußerer den mittelbaren Besitz der Sache hat. Ist das nicht der Fall, so erwirbt der Erwerber Eigentum erst, wenn er von dem Dritten den Besitz der Sache erlangt. Der gute Glaube ist erforderlich zur Zeit der Abtretung des Anspruchs auf Herausgabe, in dem zweiten Falle auch zur Zeit der Erlangung des Besitzes (§ 934).

3. Ausgeschlossen ist dieser Erwerb in Folge des guten Glaubens, wenn die Sache dem Eigentümer, oder falls er nur mittelbarer Besitzer ist, dem unmittelbaren Besitzer „gestohlen worden, verloren gegangen oder sonst abhanden gekommen ist". Mit der Erwähnung des Abhandenkommens durch Diebstahl und Verlieren sind nur zwei besonders wichtige und häufige Fälle hervorgehoben. Eine Sache ist dann abhanden gekommen, wenn sie ohne Willen des Eigen- oder Fremdbesitzers aus dessen Gewahrsam herausgeraten ist. Die abhanden gekommenen Sachen bilden den Gegensatz des anvertrauten Gutes: zu ihnen gehören z. B. auch Sachen, die ein Geschäftsunfähiger weggegeben hat. Von diesen Ausnahmen des § 935 Abs. 1 macht Abs. 2 wiederum eine Ausnahme: an Geld, Inhaberpapieren und Sachen, die im Wege öffentlicher Versteigerung veräußert werden, erlangt der gutgläubige Erwerber das Eigentum, auch wenn es abhanden gekommene Sachen sind (vgl. Allg. H.G.B. Art. 307). Besondere Vorschriften über einen solchen Fall enthält das neue Handelsgesetzbuch: danach gilt bei dem Erwerb eines abhanden gekommenen Inhaberpapiers durch einen Bankier oder Geldwechsler der gute Glaube kraft einfacher Rechtsvermutung als ausgeschlossen, wenn zur Zeit seines Erwerbs der Verlust des Papiers nach den Bestimmungen des § 367 des Handelsgesetzbuchs bekannt gemacht war.

4. Mit dem Erwerbe des Eigentums, mag er auf dem Verfügungsrechte des Veräußerers oder auf dem guten Glauben des Erwerbers beruhen, erlöschen auch die Rechte Dritter an der Sache, wenn der Erwerber betreffs ihrer in gutem Glauben ist. Dabei muß aber zum Eigentumserwerb die Erlangung des Besitzes hinzukommen, wenn die Übertragung durch constitutum possessorium oder in einem Falle, wo der Veräußerer auch keinen mittelbaren Besitz hatte, durch Abtretung des Anspruchs auf Herausgabe bewirkt worden ist. Steht dem dritten Besitzer selber das Recht an der Sache zu, so bleibt es auch dem redlichen Erwerber gegenüber bestehen, der durch Abtretung des Anspruchs auf Herausgabe Eigentümer geworden ist (§ 936; vgl. auch § 1121).

5. Diese Vorschriften über den Erwerb in gutem Glauben finden noch in zahlreichen andern Fällen Anwendung; sie gelten auch:

a) wenn der Erwerber eines Grundstücks auf Grund der Veräußerung in gutem Glauben den Besitz von Zubehörstücken erlangt, die dem Veräußerer nicht gehören (§ 926). Diese Bestimmung, die der erste Entwurf noch nicht enthielt, ist von der zweiten Kommission aufgestellt worden (E. II § 839);

b) wenn das Geschäft, durch welches der Veräußerer Eigentum erworben hatte, nachträglich angefochten worden ist (§ 142 Abs. 2);

c) wenn das Eigentum des Veräußerers bedingt war und mit dem Eintritte der Bedingung hinfällig geworden ist (§ 161);

d) wenn der Erwerb gegen ein Veräußerungsverbot verstößt, das nur zum Schutze bestimmter Personen aufgestellt ist (§§ 135, 136);

e) wenn ein Erbe über eine Nachlaßsache verfügt, die der Verwaltung eines Testamentsvollstreckers unterstellt ist (§ 2211);

f) wenn der Vorerbe unentgeltlich über Nachlaßsachen verfügt oder sie zur Erfüllung eines von ihm erteilten Schenkungsversprechens veräußert hat und die Erbschaft später dem Nacherben angefallen ist (§ 2113);

g) wenn dem Vorerben, der Nachlaßsachen veräußert, die Verwaltung der Erbschaft entzogen worden war (§§ 2129, 1052);

h) nach Handelsrecht, wenn ein Kaufmann fremde bewegliche Sachen veräußert und der Erwerber in gutem Glauben annimmt, der Veräußerer sei berechtigt, für den Eigentümer über die Sachen zu verfügen (H.G.B. § 366).

6. Der Rechtsverlust, den der Eigentümer infolge der Vorschriften über den Erwerb in gutem Glauben erleiden kann, wird nur unvollständig wettgemacht durch die ihm eingeräumten Ersatzansprüche.

a) Hat der Verfügende vorsätzlich oder fahrlässig das Recht des Eigentümers verletzt, so haftet er wegen unerlaubter Handlung auf Schadensersatz, wobei übrigens nur der Vermögensschaden ersetzt, ein noch so berechtigtes Affektionsinteresse nicht berücksichtigt wird (§ 253). Der Ersatzanspruch verjährt nach § 852, der nach dem Vorbilde des preußischen Landrechts[1]) den Deliktsschuldner gegenüber dem Vertragsschuldner begünstigt, nicht nur in 30 Jahren von Begehung der Handlung, sondern auch schon in 3 Jahren von der Kenntnis des Schadens und der Person des Schuldigen ab.

[1]) Preuß. Landr. I, 6, §§ 55, 56.

b) Hat der Verfügende gewußt, daß er zu der Verfügung nicht berechtigt sei, so hat der Eigentümer auch Ansprüche wegen einer Geschäftsführung ohne Auftrag. Er kann die Herausgabe alles dessen fordern, was an den Verfügenden gelangt ist und sein Schadensersatzanspruch verjährt immer erst in dreißig Jahren (§§ 687, 677, 678, 681, 682, 666—668).

c) Endlich kommen für den geschädigten Eigentümer die Ansprüche wegen ungerechtfertigter Bereicherung in Betracht. War die Veräußerung entgeltlich, so hat der Verfügende an den Eigentümer herauszugeben, was er infolge der Verfügung erlangt hat, also namentlich den erhaltenen Kaufpreis, die eingetauschte Sache u. s. w. Erfolgt die Verfügung unentgeltlich, so trifft die gleiche Verpflichtung denjenigen, welcher auf Grund der Verfügung unmittelbar einen rechtlichen Vorteil erlangt (§ 816). Hat der Empfänger die Sache unentgeltlich veräußert, so haftet, wenn er dadurch von seiner Verbindlichkeit zur Herausgabe befreit worden ist, nunmehr in der gleichen Weise dieser dritte Erwerber (§ 822).

Die Vorschrift des § 816 kann zu wenig angemessenen Ergebnissen führen. So hat der Eigentümer, wenn der Besitzer eine kostbare Sache um einen Schleuderpreis verkauft hat und ihn dabei kein Verschulden trifft, was z. B. bei einem Erben des ersten Empfängers leicht vorkommen kann, nur den Anspruch auf Herausgabe des Kaufpreises, während dem Käufer der ganze auf Kosten des Eigentümers erlangte Vorteil verbleibt. Nur wenn die Sache verschenkt worden ist, erhält er sie von dem Beschenkten unter Umständen zurück, hat aber auch hier nur ein Forderungsrecht und daher im Konkurse des Beschenkten keinen Anspruch auf Aussonderung.

§ 13.

f) Ersitzung.

1. Durch den bei beweglichen Sachen in so weitem Umfange zugelassenen Erwerb in gutem Glauben hat die Fahrnisersitzung ihre Bedeutung zum größten Teile eingebüßt. Sie kommt in Betracht noch besonders bei abhanden gekommenen Sachen (vgl. § 935), ferner dann, wenn bei der Veräußerung der Eigentumserwerb durch eine dem Erwerber unbekannt gebliebene Ungültigkeit des Veräußerungsgeschäfts, z. B. wegen beschränkter Geschäftsfähigkeit des Veräußerers, oder wenn er außerhalb des Handelsverkehrs[1]) durch das Fehlen des Rechts

[1]) Vgl. H.G.B. § 366.

für einen andern zu verfügen ausgeschlossen war, wenn die in Besitz genommene vermeintlich herrenlose Sache nicht herrenlos gewesen ist u. s. w. Die Ersitzung des bürgerlichen Gesetzbuchs ist ein einheitliches Rechtsinstitut: die Unterscheidung zwischen ordentlicher und außerordentlicher Ersitzung ist nicht aufgenommen.

2. Nach § 937 erwirbt durch Ersitzung das Eigentum, „wer eine bewegliche Sache zehn Jahre im Eigenbesitze hat."

„Die Ersitzung ist ausgeschlossen, wenn der Erwerber bei dem Erwerbe des Eigenbesitzes nicht in gutem Glauben ist oder wenn er später erfährt, daß ihm das Eigentum nicht zusteht."

Danach ist das gemeinrechtliche Erfordernis des Erwerbstitels, wie es bei der ordentlichen Ersitzung besteht, aufgegeben. Die Voraussetzungen der Ersitzung sind:

a) als Gegenstand eine bewegliche Sache;

b) Eigenbesitz (vgl. § 872), der unmittelbarer oder mittelbarer Besitz sein kann. Diesen Eigenbesitz muß, wer sich auf die Ersitzung beruft, nötigenfalls darthun können. Eine allgemeine Vermutung dafür, daß der Besitz Eigenbesitz sei, wie sie z. B. das französische Recht (Code civil Art. 2230) aufstellt, ist dem Gesetzbuche fremd und auch aus § 1006 nicht abzuleiten.[1]) Für den Nachweis des Eigenbesitzes kann es nötig sein, auf den Besitzerwerb und den Erwerbstitel zurückzugehen;

c) Guter Glaube beim Besitzerwerb und dauernde Unkenntnis des Rechtsmangels.

α) Beim Erwerbe des Eigenbesitzes muß der Erwerber zu der Annahme berechtigt gewesen sein, daß er Eigentümer geworden sei, was namentlich dann nicht der Fall ist, wenn er den Mangel, der seinen Eigentumserwerb ausschließt, gekannt oder aus grober Fahrlässigkeit nicht erkannt hat.[2]) Ein gerechtfertigtes bewußtes Vertrauen des Besitzers auf sein Recht ist nicht immer erforderlich; vielmehr ist wie der Besitzerwerb so auch die Ersitzung ohne Wissen des Besitzers von seinem Besitze möglich, was vor allem beim Erben vorkommen kann (§ 857). Wie bei der Veräußerung durch den Nichtberechtigten trifft auch hier die Beweislast wegen des guten oder bösen Glaubens nicht den Besitzer, sondern seinen Gegner (§ 937 Abs. 2), aber

[1]) Anderer Ansicht: Dernburg, Bürgerliches Recht, Band III, § 106, II, 1, § 12 Nr. 2.

[2]) Vgl. Dernburg, Pandekten, Band I, § 194, 2 a; Windscheid-Kipp, Pandekten, Band I, S. 881; l. 32 § 1 de usurp. (41, 3).

trotzdem ist auch hier der gute Glaube Voraussetzung, nicht sein Fehlen Ausschließungsgrund für die Ersitzung.

β) Negative Voraussetzung der Ersitzung ist, daß der Ersitzende während der ganzen Ersitzungszeit den Rechtsmangel nicht erfahren hat. Wissenmüssen steht hier dem Wissen nicht gleich (§ 937 Abs. 2).

d) Dieser Ersitzungsbesitz muß zehn Jahre hindurch gedauert haben. Der Nachweis dieses Erfordernisses wird durch § 938 erleichtert. Danach wird, wenn Jemand im Anfange und am Ende eines Zeitraums eine Sache im Eigenbesitze gehabt hat, wie nach preußischem,[1]) französischem,[2]) sächsischem[3]) Rechte bis zum Beweise des Gegenteils vermutet, daß er auch in der Zwischenzeit Eigenbesitzer gewesen sei.

3. Zu der eigenen Ersitzungszeit darf der Besitzer noch die Ersitzungszeit seines Rechtsvorgängers hinzurechnen (§ 943).[4]) Dabei ist nicht wie nach römischem Rechte zwischen dem Erben und dem Einzelnachfolger zu unterscheiden. Für beide beginnt eine neue Ersitzung; auch der Erbe tritt nicht lediglich in die Ersitzung des Erblassers ein und kann daher nicht ersitzen, wenn er sich nach § 937 nicht in gutem Glauben befindet.[5]) Danach ist § 943 immer nur anwendbar, wenn sowohl beim Vorgänger als beim Nachfolger die Voraussetzungen der Ersitzung vorhanden sind.

Der Besitz, wie er nach § 857 auf den Erben übergeht, ist der gleiche, wie er beim Erblasser gewesen war. Hatte dieser nur Fremdbesitz, so geht zunächst auch nur dieser auf den Erben über und es bedarf noch eines weiteren Thatbestandes, um ihn zum Eigenbesitzer zu machen. Allerdings ist dieses Erfordernis, falls nur der Erbe nach § 937 in gutem Glauben ist, leicht zu erfüllen. Es kann genügen, daß er die dem Erblasser verpfändete Uhr in der Meinung, sie gehöre zur Erbschaft, einsteckt, die zur Verwahrung übergebenen Wertpapiere an sich nimmt, die Zinsscheine für sich erhebt und dergleichen. War der Besitz des Erblassers zwar Eigenbesitz, aber die

[1]) Preuß. Landr. I, 9, § 599.

[2]) Code civil Art. 2234.

[3]) Sächs. GB. § 262.

[4]) L. 30 pr. ex qu. caus. mai. (4, 6); l. 2 § 18 pro empt. (41, 4); Preuß. Landr. I, 9, § 613; Code civil Art. 2235, 2236; Sächs. G.B. §§ 263, 264.

[5]) Anders für den Erben das römische Recht: l. 43 pr. de usurp. (41, 3), l. 2 § 19 pro empt. (41, 4). Für das gemeine Recht war infolge der Vorschrift des kanonischen Rechts über die mala fides superveniens der böse Glaube des Erben ein Ersitzungshindernis (c. 20 X. de praescr. (2, 20).

Ersitzung wegen seines bösen Glaubens ausgeschlossen, so steht dieser Mangel der Ersitzung durch den gutgläubigen Erben nicht entgegen;[1]) daher beginnt z. B. für den gutgläubigen Erben des Diebes sofort mit dessen Tode die Ersitzung an den gestohlenen Sachen.

Begünstigt ist die Lage des Erben durch § 944:

„Die Ersitzungszeit, die zu Gunsten eines Erbschaftsbesitzers verstrichen ist, kommt dem Erben zu statten." Der erste Entwurf enthielt diese Vorschrift noch nicht. Nach ihm geht nicht wie nach B.G.B. § 857 der Besitz auf den Erben über, jedoch wird bei einer vom Erblasser begonnenen Ersitzung in die Ersitzungszeit des Erben auch der Zeitraum zwischen dem Tode des Erblassers und der Besitzergreifung durch den Erben eingerechnet (E. I, § 882 Abs. 2) und es wird angenommen, daß sich die Ersitzung hier auch an der unbesessenen Sache vollenden kann.[2]) Dabei wird aber vorausgesetzt, daß auch niemand sonst Besitz ergriffen hat; ist dies geschehen, so wird dadurch die Ersitzung unterbrochen (E. I, § 885 Abs. 1).

Die Vorschrift in § 944 rührt von der zweiten Kommission her. Sie wurde beschlossen, noch bevor die Vererblichkeit des Besitzes anerkannt war, ist aber auch nachher unverändert beibehalten worden (E. II, § 858 Abs. 2, E. II rev. § 929, E. III, § 928, Protokolle Band III, S. 231 ff., 236 ff., Band V, S. 653 ff.). Indessen ist ihre Bedeutung durch die Zulassung der Vererblichkeit des Besitzes zum Teil verändert worden.

Ursprünglich handelte es sich darum, dem Erben für den Fall, daß er später in den Besitz kommt, die Anrechnung der Ersitzungszeit des Erbschaftsbesitzers zu ermöglichen, wie wenn dieser sein Rechtsvorgänger gewesen wäre, obgleich hier eine Rechtsnachfolge nicht vorliegt.[3]) Seitdem aber der Besitz für vererblich erklärt ist (§ 857), beginnt für den gutgläubigen Erben auch sofort mit dem Erbfalle die Ersitzung. Diese Ersitzung des Erben wird durch die Besitzergreifung des Erbschaftsbesitzers an sich unterbrochen (§ 940 Abs. 1); es wird aber diese Unterbrechung zu Gunsten des Erben über die Bestimmung in § 940 Abs. 2 hinaus durch § 944 unschädlich gemacht. Dagegen hat § 944 die ursprünglich gewollte Bedeutung, wenn z. B. der Ersitzungsbesitz des Erben, ehe die Sache an den Erbschaftsbesitzer

---

1) Anders das römische Recht: l 11 de usurp. (41, 3).
2) Motive zu § 882, Band III, S. 353.
3) Protokolle, Band III, S. 236 ff.

gelangt ist, schon durch die Besitzergreifung eines Dritten unterbrochen war oder wenn der Erbschaftsbesitzer Ersitzungsbesitz für die Erbschaft erworben hat (vgl. § 2019).

Da nach § 944 nur „die Ersitzungszeit, die zu Gunsten eines Erbschaftsbesitzers verstrichen ist“, dem Erben zu statten kommt, so müssen bei diesem Besitzer die Voraussetzungen der Ersitzung erfüllt sein: er muß Eigenbesitzer und über die Zugehörigkeit der Sache zur Erbschaft in gutem Glauben sein. Ist dies nicht der Fall, so kann die durch seine Besitzergreifung herbeigeführte Unterbrechung der Ersitzung des Erben nur nach Maßgabe des § 940 Abs. 2 aufgehoben werden. Guter Glaube des Erbschaftsbesitzers auch wegen seiner Erbberechtigung erscheint nicht erforderlich, da es sich „nicht darum handelt, dem falschen Erben die Ersitzung zu ermöglichen, sondern vielmehr darum, dem wahren Erben die Besitzzeit des falschen zu gute zu rechnen“.[1]) Dagegen wird man auch beim Erben den guten Glauben wegen der Zugehörigkeit der Sache zur Erbschaft verlangen müssen: er kann dadurch, daß sein Besitz an den Erbschaftsbesitzer verloren gegangen ist, nicht günstiger gestellt werden, als wenn ihm der Besitz verblieben wäre.

Auf das Verhältnis zwischen dem Erben und dem Erbschaftsbesitzer bezieht sich § 2026:

> Der Erschaftsbesitzer kann sich dem Erben gegenüber, solange nicht der Erbschaftsanspruch verjährt ist, nicht auf die Ersitzung einer Sache berufen, die er als zur Erbschaft gehörend im Besitze hat.

Damit ist also auch eine Ersitzung des Erbschaftsbesitzers gegen den Erben an sich anerkannt,[2]) aber allerdings in ihrer praktischen Bedeutung sehr wesentlich abgeschwächt.

Der Auslegung bereiten die beiden Paragraphen 944 und 2026 große Schwierigkeiten, die teils mit der Entstehungsgeschichte teils mit der nicht ganz vorsichtigen Fassung dieser Vorschriften zusammen-

---

[1]) Windscheid-Kipp, Pandekten, Band I, S. 833; Cosack, Lehrbuch, Band I, § 209 Nr. 5; Endemann, Einführung, Band II, § 82, Anm. 16; anderer Ansicht: Biermann, Kommentar, Anm. zu § 944; Planck-Greiff, Kommentar, § 944, Anmerkung 1.

[2]) Anders der erste Entwurf § 888: danach kann, wer als vermeintlicher; Erbe den Besitz von Erbschaftssachen ergriffen hat, diese Sachen durch Ersitzung gegen den wirklichen Erben nicht für sich erwerben. Vgl. Motive Band III, S. 256 Protokolle Band III, S. 236.

hängen. Einfach ist die Rechtslage in dem Falle, der durch § 944 zunächst geregelt werden sollte und nach einem in der zweiten Kommission gestellten Antrage[1]) auch allein berücksichtigt war, nämlich dann wenn eine Sache, die schon im Ersitzungsbesitze des Erblassers sich befunden hatte, zuerst an einen Erbschaftsbesitzer und dann noch vor der Vollendung der Ersitzung an den Erben gelangt ist: hier werden die Ersitzungszeiten zu gunsten des Erben zusammengerechnet und wird ihm das Eigentum durch Ersitzung erworben. Wie ist es aber, wenn die Ersitzungsfrist abläuft, während die Sache sich noch beim Erbschaftsbesitzer befindet? Auch hier wird man das Eigentum dem Erben zuzuschreiben haben: die Sache ist als Mehrung der Erbschaft erworben worden, die eben dem wahren Erben gehört.[2])

Ferner kann die Sache auch erst von dem Erbschaftsbesitzer durch Rechtsgeschäft mit Mitteln der Erbschaft erworben sein. Nach dem im Gesetzbuche aufgestellten Grundsatze der dinglichen Subrogation (B.G.B. § 2019)[3]) erlangt hier, wenn die Voraussetzungen für den sofortigen Eigentumsübergang erfüllt sind, der Erbe das Eigentum. Gelangt die durch Rechtsgeschäft mit Mitteln der Erbschaft erworbene Sache nur in den Ersitzungsbesitz zunächst des Erbschaftsbesitzers, dann des Erben, so kommt diesem auch hier die Ersitzungszeit des Erbschaftsbesitzers zu statten (§ 944). Vollendet sich die Ersitzung beim Erbschaftsbesitzer, so wird anzunehmen sein, daß das Eigentum nicht ihm, sondern dem Erben erworben wird.

Außer dieser Ersitzung für den Erben giebt es aber auch die Ersitzung für den Erbschaftsbesitzer. Sie setzt bei den im Nachlasse befindlichen Sachen guten Glauben wegen der Erbberechtigung und wenn die Sachen nicht dem Erblasser gehört hatten, guten Glauben auch wegen der Zugehörigkeit zum Nachlasse voraus. Bei den durch den Erbschaftsbesitzer mit Mitteln der Erbschaft erworbenen Sachen (§ 2019) wird guter Glaube wegen des Erwerbsmangels nach § 937 erfordert. Die Ersitzung beginnt mit der Erlangung des Eigenbesitzes; sie wird trotz

---

[1]) Der Antrag lautete: Haben Erbschaftssachen sich im Besitz eines Erbschaftsbesitzers befunden, so wird, wenn der Erbe den Besitz erlangt, die Zeit des Besitzes des Erbschaftsbesitzers in die Ersitzungsfrist eingerechnet; Protokolle, Band III, S. 236.

[2]) Anderer Ansicht Planck-Greiff, Kommentar, zu § 944 Anm. 2 a. E.

[3]) Anders der erste Entwurf, vgl. Motive Band V, S. 584: die dingliche Subrogation wurde von der zweiten Kommission eingeführt: Protokolle, Band V, S. 712 ff., Band VI, S. 324 ff.

Ablauf der Ersitzungszeit gegen den Erben wirksam erst, wenn auch der Erbschaftsanspruch gegen den Erbschaftsbesitzer verjährt ist (§ 2026).

Demnach kann die gleiche Sache dem Erben oder dem Erbschaftsbesitzer gehören, je nachdem der Erbschaftsanspruch durch Verjährung erlischt oder nicht. Verjährt der Erbschaftsanspruch, so kann sich der Erbschaftsbesitzer „dem Erben gegenüber auf die Ersitzung berufen", d. h. er kann geltend machen, daß er durch sie nach den gewöhnlichen Regeln Eigentümer geworden sei, also nicht erst von der Verjährung des Erbschaftsanspruchs, sondern schon von dem Ende der Ersitzungszeit ab. Wird dagegen der Erbschaftsanspruch erhoben, so kann sich der Besitzer dem Erben gegenüber auf die Ersitzung nicht berufen: nicht er sondern der Erbe ist Eigentümer gewesen. Man wird also zu der Annahme eines Schwebezustandes geführt, wobei für den Schutz Dritter die Vorschrift des § 2366 in Betracht kommt.

4. Die Ersitzung ist in den gleichen Fällen wie die Verjährung des Eigentumsanspruchs gehemmt (B.G.B. § 939). Sie kann weder beginnen noch fortgesetzt werden zwischen Ehegatten, zwischen den Eltern und ihren minderjährigen Kindern, zwischen dem Vormund oder Pfleger und dem Mündel oder Pflegling während der Dauer der Vormundschaft oder Pflegschaft (§§ 204, 1915). Ferner ist die Ersitzung gehemmt, so lange in den letzten sechs Monaten der Ersitzungszeit der Eigentümer durch höhere Gewalt, wie z. B. Stillstand der Rechtspflege an der Rechtsverfolgung gehindert ist (§ 203). Die Folge dieser Hemmung ist, daß der Zeitraum, während dessen sie angedauert hatte, nicht in die Ersitzungszeit eingerechnet wird (§ 205).

Die Ersitzung läuft auch gegen die Geschäftsunfähigen oder in der Geschäftsfähigkeit Beschränkten (§§ 104, 106, 114). Fehlt es ihnen aber an einem gesetzlichen Vertreter und an der Prozeßfähigkeit, so vollendet sich die Ersitzung erst in sechs Monaten von dem Zeitpunkte an, wo sie unbeschränkt geschäftsfähig oder doch prozeßfähig geworden sind oder wo sie einen gesetzlichen Vertreter erhalten haben (§§ 206, 104, 106, 112, 113, 114, C.P.O. § 52). Beim Tode des Ersitzenden oder des Eigentümers vollendet sich die Ersitzung nicht vor Ablauf von sechs Monaten von der Annahme der Erbschaft oder der Eröffnung des Nachlaßkonkurses oder dem Eintritte einer Vertretung für den Nachlaß ab (§ 207).

5. Unterbrochen wird die Ersitzung:

a) Durch Verlust des Eigenbesitzes. Jedoch gilt die Unterbrechung „als nicht erfolgt, wenn der Eigenbesitzer den Eigenbesitz ohne seinen Willen verloren und ihn binnen Jahresfrist oder mittels einer innerhalb dieser Frist erhobenen Klage wiedererlangt hat" (§ 940). Aus der Fassung dieser Vorschrift geht hervor, daß anders als nach dem ersten Entwurfe (E. I. § 885 Abs. 3) die Zwischenzeit zwischen dem Verluste und der Wiedererlangung des Besitzes in die Ersitzungszeit des Eigenbesitzers einzurechnen ist.

b) Durch gerichtliche Geltendmachung des Eigentumsanspruchs gegen den Ersitzenden selbst oder, wenn er mittelbarer Besitzer ist, auch gegen denjenigen Besitzer, der sein Recht zum Besitze von ihm ableitet (§ 941). Der Anspruch kann verfolgt werden namentlich durch Klagerhebung, Weiterbetreibung eines ruhenden Eigentumsprozesses, Vollstreckungshandlungen oder Antrag auf Zwangsvollstreckung, Betreibung vor dem Schiedsgerichte (§ 941 vgl. §§ 209, 210, 220). Da die Unterbrechung nur zu Gunsten desjenigen, der sie herbeiführt und seiner Rechtsnachfolger wirkt, so wird durch die gerichtliche Geltendmachung seitens eines Unberechtigten die Ersitzung nicht unterbrochen.

Die Unterbrechung gilt als nicht erfolgt, wenn die Klage zurückgenommen oder durch ein nicht in der Sache selbst entscheidendes Urteil rechtskräftig abgewiesen wird (§ 212), oder wenn die Vollstreckungsmaßregel wegen Mangels der gesetzlichen Voraussetzungen oder auf Antrag des Betreibenden aufgehoben oder wenn der Antrag auf Vollstreckung zurückgenommen oder ihm nicht stattgegeben wird (§ 216).

Die Unterbrechung hat zur Folge, daß die bis zu ihr abgelaufene Zeit außer Betracht bleibt. Erst nach Beendigung der Unterbrechung (vergl. wegen der Unterbrechung durch Klagerhebung § 211), kann eine neue Ersitzung beginnen, vorausgesetzt, daß ihre Erfordernisse: Eigenbesitz und guter Glaube im Sinne des § 937 erfüllt sind.

6. Die vollendete Ersitzung macht den Ersitzungsbesitzer zum Eigentümer der von ihm besessenen Sache (§ 937); das bisherige Eigentum erlischt. Sonstige Rechte Dritter an der Sache, die beim Beginne des Ersitzungsbesitzes bestanden hatten, erlöschen mit der Ersitzung des Eigentums, wenn auch hinsichtlich ihrer die Voraussetzungen der Ersitzung vorliegen. Diese Ersitzung der Freiheit des Eigentums ist an die gleichen Erfordernisse geknüpft, wie die Ersitzung des Eigentums selbst. Der Ersitzende muß den Eigenbesitz zehn Jahre hindurch gehabt haben; er muß bei Erlangung des Be-

sitzes in gutem Glauben gewesen sein und darf auch nicht später von dem fremden Rechte Kenntnis erlangt haben (§ 945).

Außer dieser Ersitzung der Freiheit von bestehenden Rechten, die neben der Eigentumsersitzung einhergeht, ist auch eine Ersitzung der Freiheit durch den Eigentümer möglich, wenngleich sie im Gesetzbuche nicht erwähnt wird.[1])

2. Rechte des Eigentümers.

§ 14.

a) Inhalt des Eigentums. Anspruch auf Herausgabe.

I. Das Eigentum ist die volle rechtliche Herrschaft über die Sache. Es umschließt nicht nur die Befugnis, rechtlich wie thatsächlich über die Sache zu verfügen, sondern der Eigentümer kann auch Dritte von jeder Einwirkung auf die Sache ausschließen (§ 903). Jedoch können seiner Willkür Schranken gezogen sein durch besondere gesetzliche Vorschriften, sei es des Reichsrechts, sei es nach E.G. zum B.G.B. Art. 111 des Landesrechts, oder durch entgegenstehende Rechte Dritter, dingliche (Nießbrauch, Pfandrecht) oder obligatorische (z. B. Miete, Leihe). Auch gilt für den Eigentümer wie für jeden Berechtigten das allgemeine Chikaneverbot des § 226: die Ausübung seines Eigentumsrechtes ist unzulässig, wenn sie nur den Zweck haben kann, einem Andern Schaden zuzufügen.[2])

II. Kraft seines Eigentumsrechts kann der Eigentümer die Herausgabe seiner Sache verlangen, wenn sie sich bei einem Dritten befindet (vgl. § 985). Dieses Recht ist nach § 194 ein Anspruch, der den Vorschriften über die Ansprüche, z. B. über die Anspruchsverjährung unterliegt; da dieser Anspruch auf einem dinglichen Rechte beruht, ist er ein dinglicher Anspruch.

1. Der Anspruch steht dem Eigentümer zu. Der Miteigentümer kann gegen einen Dritten nicht wie nach römischem Rechte[3]) die Einräumung des Mitbesitzes fordern, sondern nur verlangen, daß die Sache an alle Miteigentümer zusammen herausgegeben oder für alle hinterlegt, oder wenn sie sich dazu nicht eignet, an einen Verwalter abgeliefert werde, den das Gericht bestellt (§§ 1011, 432).

---

[1]) Vgl. Motive Band III S. 356, Protokolle Band III S. 237, Biermann, Kommentar zu § 945 Nr. 2, Planck-Greiff, Kommentar § 945 Anm. 2.

[2]) Ein solches Verbot findet sich erstmals in E. III § 887 unter Beschränkung auf den Eigentümer; das jetzige allgemeine Verbot ist erst von der Reichstagskommission aufgestellt worden.

[3]) L. 8 de R.V. (6, 1).

2. Der Anspruch auf Herausgabe geht nach dem ersten Entwurfe (E. I § 929) gegen den Besitzer, auch wenn nicht er selbst, sondern ein Dritter für ihn die Inhabung der Sache hat, sowie gegen den Inhaber.[1]) Von der zweiten Kommission wurde im Falle eines mittelbaren Besitzes der Anspruch auf Herausgabe anfangs nur gegen den unmittelbaren Besitzer gewährt und ein Anspruch auf Überlassung des mittelbaren Besitzes gegen den mittelbaren Besitzer ausdrücklich ausgeschlossen;[2]) bei der Schlußprüfung des Entwurfs wurde aber diese letztere Beschränkung gestrichen.[3])

Nach dem Gesetzbuche ist gegen jeden Besitzer, auch gegen den bloß mittelbaren, der Eigentumsanspruch zu gewähren. Dafür spricht nicht nur die Entstehungsgeschichte des Gesetzes und das praktische Bedürfnis, sondern vor allem als ausschlaggebend der Wortlaut des § 985:

> Der Eigentümer kann von dem Besitzer die Herausgabe der Sache verlangen,

da unter dem Besitzer, soweit nichts anderes bestimmt ist, auch der mittelbare Besitzer mitzuverstehen ist (vgl. § 868).

Anderseits ergiebt aber die Fassung dieses Paragraphen, daß anders als nach dem ersten Entwurfe gegen den Besitzdiener (§ 855) der Anspruch nicht zusteht.

3. Der Eigentumsanspruch kann namentlich auch durch Klage geltend gemacht werden, die im allgemeinen der gemeinrechtlichen Vindikation entspricht. Der Klagantrag geht zunächst auf Verurteilung des Beklagten zur Herausgabe. Dabei ist nach Prozeßrecht zu beurteilen, ob bei der Klage auf Herausgabe einer Sachgesamtheit (z. B. einer Heerde, einer Büchersammlung) den Vorschriften über die bestimmte Angabe des Gegenstandes des erhobenen Anspruchs genügt sei (C.P.O. § 253 Abs. 2 Ziff. 2). Wird der Beklagte zur Herausgabe verurteilt, so kann die Sache durch den Gerichtsvollzieher dem Besitzer oder Inhaber weggenommen und dem siegreichen Kläger

---

1) Vgl. Motive Band III, S. 397 ff.

2) E. II § 899: Der Eigentümer kann von dem Besitzer die Herausgabe der Sache verlangen.

Gegenüber einem mittelbaren Besitzer steht dem Eigentümer ein Anspruch auf Überlassung des mittelbaren Besitzes nicht zu.

Vgl. Protokolle Band III S. 328—334; 371—375; Band IV S. 585.

3) Protokolle Band VI, S. 236, 237.

4) Vgl. Gierke, Bedeutung des Fahrnisbesitzes S. 58 ff.; Strohal, Jahrb. für Dogm. Band XXXVIII, S. 45 ff.

übergeben werden (C.P.O. § 883). Diese einfache Art der Vollstreckung ist zulässig, wenn sich die Sache beim Beklagten selber befindet oder nach der Klagerhebung an einen Rechtsnachfolger, der nicht etwa durch die Vorschriften über den gutgläubigen Erwerb geschützt ist, oder an einen Fremdbesitzer, neben dem der Beklagte oder sein Rechtsnachfolger den mittelbaren Besitz hat, gelangt ist und hier die Rechtsnachfolge oder das Besitzverhältnis bei Gericht offenkundig ist oder durch öffentliche oder öffentlich beglaubigte Urkunden nachgewiesen werden kann (C.P.O. §§ 727, 325). Befindet sich die herauszugebende Sache bei einem Dritten, gegen den das Urteil nicht wirksam ist, so ist nötigenfalls dem Eigentümer auf seinen Antrag der etwaige Anspruch des verurteilten Beklagten auf Herausgabe zu überweisen (C.P.O. § 886). Dieses Verfahren kann unter anderem erforderlich werden, wenn die Klage gegen den mittelbaren Besitzer erhoben worden war, und der unmittelbare Besitzer nicht bereit ist, die in seinem Gewahrsam verbliebene Sache herauszugeben.

Der Klagantrag kann statt auf die Verurteilung zur Herausgabe auch bloß auf die Feststellung des klägerischen Eigentums gerichtet werden, wenn die besonderen prozessualischen Voraussetzungen der Feststellungsklage vorliegen, d. h. der Kläger an der alsbaldigen Feststellung durch Urteil ein rechtliches Interesse hat (C.P.O. § 256). Es wird aber sein Eigentum nicht nur durch ein solches Feststellungsurteil, sondern auch durch die Verurteilung des Beklagten zur Herausgabe festgestellt, wenn sie auf Grund des § 985 ausgesprochen wird.[1])

4. Außer dem Anspruch auf Herausgabe stehen dem Eigentümer auch Ansprüche wegen der Nutzungen und auf Schadensersatz zu. Sie können zusammen mit dem Anspruche auf Herausgabe in dem gleichen Rechtsstreite oder auch selbständig verfolgt werden.

a) Dabei hat auch der redliche Besitzer vom Eintritte der Rechtshängigkeit ab dem Eigentümer die später gezogenen Nutzungen herauszugeben und Ersatz zu leisten, wenn infolge seines Verschuldens die Sache untergeht, verschlechtert wird, von ihm nicht herausgegeben werden kann, oder wenn Nutzungen nicht gezogen werden, die bei

---

[1]) Vgl. Entsch. des Reichsgerichts Band XXXIII Nr. 1 (Ver.=Civ.=Sen.), Bolze, Praxis des R.G. Band XVIII Nr. 788, Wach, Vorträge über d. R.C.P.O. 2. Aufl. S. 186, Gaupp=Stein, C.P.O. 4. Aufl. Band I S. 717. Anders die Motive zu § 929 Band III S. 896; Dernburg, B.R. Band III § 118, S. 845; Hellwig, Anspruch und Klagrecht S. 418; Planck=Greiff, Kommentar, Vorbemerkung zu Buch III, Titel 4, Nr. 4; Seuffert, Kommentar zur C.P.O. zu § 822, Nr. 3a.

einer ordnungsmäßigen Wirtschaft hätten gezogen werden können (§§ 987, 989). Für die Zeit bis zur Rechtshängigkeit ist der redliche Besitzer weder zur Herausgabe von Nutzungen noch zum Schadensersatze verpflichtet; die gemeinrechtliche Vorschrift, daß die noch vorhandenen Früchte herauszugeben seien, ist nicht aufgenommen. Jedoch haftet er auf Herausgabe wegen ungerechtfertigter Bereicherung, wenn er Früchte gezogen hat, die nach den Regeln ordnungsgemäßer Wirtschaft nicht als Ertrag anzusehen sind (§ 993 Abs. 1), oder wenn er den Eigen- oder Nutzbesitz der fremden Sache unentgeltlich erlangt hatte (§ 988). Außerdem muß er dem Eigentümer gegenüber den Schaden aus Verschlechterung oder Untergang der Sache oder aus der Unmöglichkeit sie herauszugeben, dann vertreten, wenn er dafür einem mittelbaren Besitzer, von dem er sein Recht zum Besitze ableitet, verantwortlich ist (§ 991 Abs. 2). Diese Haftung richtet sich nach seinem Verhältnisse zu dem mittelbaren Besitzer: er haftet z. B. als Mieter oder Entleiher für jedes Verschulden (§ 276), dagegen bei unentgeltlicher Aufbewahrung nur wegen Außerachtlassens der Sorgfalt in eigenen Angelegenheiten (§ 690).

Endlich haftet der gutgläubige Besitzer nach den Vorschriften über unerlaubte Handlungen, wenn er sich den Besitz schuldhafter Weise auf verbotene Art verschafft hat (§ 992, vgl. unten S. 78 unter c).

b) Strenger ist natürlich die Haftung des unredlichen Besitzers: er haftet wegen der Nutzungen und des für den Eigentümer entstandenen Schadens mindestens in dem Umfange, in welchem ein gutgläubiger Besitzer von der Rechtshängigkeit ab verantwortlich ist. In bösem Glauben ist der Besitzer, wenn er entweder schon bei Erlangung des Besitzes gewußt hat oder hätte wissen müssen, daß er dem Eigentümer gegenüber nicht zum Besitze berechtigt sei, oder wenn er dies später erfahren hat (vgl. § 990 Abs. 1). Im ersten Falle beginnt seine Haftung sofort mit Erlangung des Besitzes, im zweiten mit dem Eintritte seiner Kenntnis (§ 990 Abs. 1; vgl. § 932 Abs. 2). Die Beweislast wegen des bösen Glaubens trifft wie bei dem Erwerbe von einem Nichtberechtigten und bei der Ersitzung den Eigentümer (§§ 990 Abs. 1, 932, 937). Ein bisher gutgläubiger Besitzer kann von seinem Nichtrechte namentlich auch dadurch Kenntnis erlangen, daß er auf Herausgabe verklagt wird. In diesem Falle werden die später getrennten Früchte nicht mehr ihm, sondern dem Eigentümer erworben (§ 953) und können daher durch diesen mit dem Eigentumsanspruche gefordert werden (§ 985). Es kann aber auch trotz der Rechtshängigkeit der gute Glaube des Besitzers fortdauern, so z. B. wenn ihm die Klagezustellung unbekannt geblieben ist. Trifft dies zu, so erwirbt zwar der Besitzer wegen seines guten Glaubens an den Früchten immer noch das Eigentum, ist aber zur Herausgabe verpflichtet (§§ 955, 987). Der Anspruch auf Herausgabe der Früchte ist im ersten Falle ein dinglicher, im zweiten ein obligatorischer, was z. B. im Konkurse des Besitzers von Be-Bedeutung werden kann.

Gesteigert kann die Haftung des bösgläubigen Besitzers dadurch werden, daß er vom Eigentümer durch Mahnung oder Klagerhebung in Verzug gesetzt wird. Er hat dann für allen Schaden, auch den bloß zufälligen aufzukommen, außer soweit er nachweislich auch bei rechtzeitiger Leistung eingetreten wäre (§§ 990 Abs. 2, 284—287).

c) Für den Ersatz allen Schadens aus der Besitzentziehung haftet, wer sich den Besitz durch eine strafbare Handlung oder durch verbotene Eigenmacht verschafft hat (§§ 992, 858, 848, 849). Daß er zugleich bösgläubiger Besitzer im Sinne des Gesetzbuches ist, ist nicht erforderlich; dagegen muß bei der Eigenmacht auch ein Verschulden des Besitzers, sei es Vorsatz[1]) oder Fahrlässigkeit vorgelegen haben.[2]) Da übrigens in den durch § 992 getroffenen Fällen das Eigentum des Dritten vorsätzlich oder fahrlässig verletzt wird, ergiebt sich die Haftung wegen unerlaubter Handlung schon aus der allgemeinen Vorschrift in § 823 Abs. 1, so daß § 992 insoweit als überflüssig erscheint.[3])

e) Ist der bösgläubige Besitzer nicht Eigenbesitzer, sondern Fremdbesitzer, so haftet er wegen der gezogenen oder versäumten Nutzungen nur, wenn auch der mittelbare Besitzer, von dem er sein Recht zum

---

[1]) Der erste Entwurf (E. I, § 935) ließ die Haftung wegen unerlaubter Handlung eintreten nur bei strafbaren und vorsätzlich begangenen unerlaubten Handlungen.

[2]) Dies folgt daraus, daß der Besitzer „nach den Vorschriften über den Schadensersatz wegen unerlaubter Handlungen" haftet; vgl. Protokolle Band III Seite 347 ff.

[3]) Der Fehler geht darauf zurück, daß der erste Entwurf bei dem Besitzer der fremden Sache zunächst die allgemeine Deliktshaftung der Regel nach ausschloß (E. I, § 930 vgl. 704) und davon nur einzelne Ausnahmen aufstellte, unter anderm durch die Bestimmung in § 935, die dann von der zweiten Kommission erweitert wurde.

Besitze ableitet, sich in bösem Glauben befindet oder wenn gegen ihn der Eigentumsanspruch rechtshängig geworden ist (§ 991 Abs. 1).

5. Der Beklagte kann gegenüber dem Eigentumsanspruche ein Recht auf den Besitz oder ein Zurückbehaltungsrecht geltend machen. Die erstere Befugnis steht ihm zu, wenn er selbst oder wenn der mittelbare Besitzer, von dem er sein Recht zum Besitze ableitet, dem Eigentümer gegenüber zum Besitze berechtigt ist. Dabei kann das Recht auf den Besitz auf einem dinglichen Rechte beruhen, wie beim Nießbraucher (§ 1036) und Faustpfandgläubiger (§§ 1205, 1206, 1266) oder sich aus einem Forderungsrechte ergeben, wie z. B. beim Mieter. War der mittelbare Besitzer dem Eigentümer gegenüber zur Überlassuug des Besitzes an den Dritten nicht befugt, so soll der Eigentümer zunächst nur die Herausgabe der Sache an den mittelbaren Besitzer und bloß, wenn dieser den Besitz nicht übernehmen kann oder will, an sich selber verlangen dürfen (§ 986 Abs. 1; vgl. die ähnliche Vorschrift in § 869). Diese „nicht ganz einfache Spezialbestimmung" wurde von der zweiten Kommission beschlossen. Man hielt die einfache Durchführung der rei vindicatio nicht für zweckmäßig, weil sie nur zur Herausgabe der Sache an den Eigentümer führe und dieser alsbald wieder die Sache an den mittelbaren Besitzer zurückgeben müsse.[1]) Besser hätte man die Entscheidung in den einzelnen Fällen dem Richter überlassen und auf eine Vorschrift verzichtet, die leicht den Eigentümer unnötig gefährden und zu Weiterungen führen kann, während man doch solche vermeiden wollte. Es hat z. B. der Entleiher ohne Erlaubnis des Verleihers und somit unbefugt (§ 603) die geliehene Sache an einen Dritten weiterverliehen. Dann kann der Eigentümer mit seinem Eigentumsanspruch gegen den Dritten zunächst nur verlangen, daß er die Sache an den Entleiher, obgleich dieser vertragswidrig gehandelt hat, zurückgiebt; erst wenn der Entleiher sie nicht übernehmen kann oder will, erhält sie der Eigentümer selbst. Allerdings kann hier der Eigentümer auch die Leihe kündigen und dadurch das Recht des Entleihers auf den Besitz aufheben (§ 605); aber zur Kündigung bedarf es einer empfangsbedürftigen Willenserklärung, die vielleicht nur durch öffentliche Zustellung bewirkt werden kann (vgl. §§ 130, 132). Oder der Mieter hat ohne Erlaubnis und daher unbefugt die Sache einem Untermieter überlassen (§ 549); hier bedarf es, um das Mitverhältnis auf-

[1]) Protokolle, Band III, S. 385.

zuheben und damit dem Mieter das Recht auf den Besitz zu entziehen, nicht nur der Kündigung, sondern zuvor auch einer Abmahnung, die wirkungslos geblieben ist (§ 553).

Dringt der Besitzer mit seiner Einwendung durch, so ist der Eigentümer mit dem Anspruche auf Herausgabe abzuweisen, kann aber durch Übergang zur Feststellungsklage, wenn deren Voraussetzungen erfüllt sind, die Feststellung seines Eigentums erlangen.

6. Für die Verwendungen hatte der erste Entwurf in ganz mechanischer Weise bestimmt, daß der Eigentümer sie bis zum Betrage der Bereicherung ersetzen müsse, die er auf Kosten des Besitzers oder Inhabers erlangt, ohne dabei zwischen einzelnen Arten der Verwendungen oder zwischen einem redlichen oder unredlichen Besitzer zu unterscheiden (E. I, § 936 Abs. 1).[1]) Erst der zweite Entwurf hat den Gegenstand sorgfältiger geregelt.

Zu unterscheiden sind notwendige und nicht notwendige Verwendungen. Der Begriff der ersteren wird im Gesetzbuche nicht bestimmt. Nach ausdrücklicher Vorschrift gehören zu ihnen die gewöhnlichen Erhaltungskosten (§ 994) und die Aufwendungen, die der Besitzer zur Bestreitung der Lasten der Sache macht (§ 995). Man wird überhaupt zu ihnen den Aufwand zu rechnen haben, der erforderlich gewesen ist, um die Sache in ihrem wirtschaftlichen Zustande zu erhalten.[2])

a) Einem gutgläubigen Besitzer sind die notwendigen Verwendungen im vollen Betrage seines Aufwandes zu erstatten, wenn er sie vor dem Eintritte der Rechtshängigkeit gemacht hat. Jedoch erhält er wegen der gewöhnlichen Erhaltungskosten keinen Ersatz für die Zeit, für die ihm die Nutzungen verbleiben (§ 994).[3]) Für den gleichen Zeitraum wird ihm der Aufwand für Lasten der Sache nur dann erstattet, wenn sie als außerordentliche auf den Stammeswert der Sache gelegte Lasten anzusehen sind (§ 995). Bei sonstigen

---

[1]) Vgl. dagegen den Ausspruch des Celsus in l. 38 de R. V. (6,1): bonus iudex varie ex personis causisque constituet. — Die Motive (Band III, S. 412) berufen sich auf das französische Recht, ohne dabei den allerdings zum Teil mißglückten Art. 555 des Code civil zu berücksichtigen.

[2]) Dazu können auch Neuanlagen gehören: vgl. Dernburg, Bürgerliches Recht Band III, § 122.

[3]) Dabei bleibt außer Betracht die Verpflichtung zur Herausgabe von Früchten, die nicht als Ertrag der Sache gelten (vgl. §§ 993, 100).

Verwendungen steht ihm der Ersatzanspruch nur insoweit zu als durch sie eine Wertsteigerung bewirkt worden ist, die noch zu der Zeit besteht, in der die Sache an den Eigentümer zurückgelangt (§ 996).

b) Wesentlich ungünstiger ist die Lage des unredlichen Besitzers und des Besitzers, gegen den der Anspruch auf Herausgabe rechtshängig geworden ist. Sie erhalten für andere als notwendige Verwendungen überhaupt keinen Ersatz (§ 996) und für die notwendigen nur nach den Vorschriften über die Geschäftsführung ohne Auftrag d. h. nur dann, wenn sie dem Interesse und dem wirklichen oder mutmaßlichen Willen des Eigentümers entsprechen oder von ihm genehmigt werden oder wenn durch sie eine öffentliche Pflicht des Eigentümers erfüllt wird (§§ 994 Abs. 2, 683, 679, 670). Liegt keiner dieser Fälle vor, so ist der Eigentümer zum Ersatze nur nach den Vorschriften über die Herausgabe einer ungerechtfertigten Bereicherung verpflichtet (§§ 994 Abs. 2, 684).

c) Der Eigentümer ist ersatzpflichtig, auch wenn die Verwendungen zu einer Zeit gemacht worden sind, zu der ihm das Eigentum noch nicht zustand (§ 999 Abs. 2). Danach bildet also diese Ersatzpflicht eine Art von dinglicher Belastung der Sache, die auf den Erwerber übergeht, was namentlich bei Grundstücken Bedeutung hat, da diese Belastung aus dem Grundbuche nicht ersichtlich ist.[1]) Ferner kann der Besitzer auch wegen der Verwendungen eines Rechtsvorgängers Ersatz fordern, soweit dieser selbst ersatzberechtigt sein würde (§ 999 Abs. 1).

d) Der Kapital- oder Wertbetrag der Verwendungen ist von der Zeit der Aufwendung ab zu verzinsen, außer soweit dem Ersatzberechtigten die Nutzungen ohne Vergütung verbleiben (§ 256).

e) Die Verwendung kann darin bestanden haben, daß der Besitzer mit der herauszugebenden Sache eine andere als wesentlichen Bestandteil verbunden hat. Hier hat der Besitzer das Recht, die verbundene Sache wieder abzutrennen und sich anzueignen.[2])

f) Seine Ansprüche wegen der Verwendungen kann der Ersatzberechtigte geltend machen:

α) Durch Zurückbehaltung der Sache bis zu seiner Befriedigung wegen der ihm zu ersetzenden Verwendungen, außer wenn er sich die Sache durch eine vorsätzliche unerlaubte Handlung verschafft hatte

[1]) Vgl. übrigens Zw.V.G. § 93 Abs. 2.

[2]) Vgl. über dieses Wegnahmerecht oben § 8 Nr. 5b; S. 48.

(§ 1000). Die Geltendmachung des Zurückbehaltungsrechts im Eigentumsprozesse hat zur Folge, daß der Besitzer zur Herausgabe nur gegen Empfang des ihm gebührenden Ersatzes verurteilt wird. Durch Sicherheitsleistung kann der Eigentümer die Ausübung des Zurückbehaltungsrechts abwenden (§§ 273 Abs. 3, 274; K.O. § 49 Nr. 3).

β) Durch Klage. Vorausgesetzt wird dabei aber, daß der Eigentümer die Verwendungen genehmigt oder die Sache, sei es durch Rückgabe des Besitzers, sei es auf sonstige Weise wiedererlangt hat. Bis zur Genehmigung kann sich der Eigentümer durch Zurückgabe der Sache befreien; jedoch gilt die Genehmigung als erteilt, so daß dieses Recht sich durch Rückgabe frei zu machen wegfällt, wenn der Eigentümer die ihm vom Besitzer unter Vorbehalt seiner Rechte dargebotene Sache annimmt (§ 1001).

Der Anspruch wegen nicht genehmigter Verwendungen erlischt, wenn der Besitzer die Sache dem Eigentümer zurückgegeben hat, mit Ablauf einer einmonatigen[1]) Ausschlußfrist von der Herausgabe der Sache durch den Besitzer an den Eigentümer ab, wenn er nicht vorher gerichtlich geltend gemacht wird. Auf diese Ausschlußfrist finden zum Teil die Vorschriften über die Verjährung Anwendung (§§ 1001, 203, 206, 207).

g) Der Besitzer kann den Eigentümer unter Angabe der geforderten Ersatzsumme auffordern, sich innerhalb einer durch den Besitzer bestimmten angemessenen Frist über die Genehmigung der Verwendungen zu erklären.

Erteilt der Eigentümer die Genehmigung, so hat der Besitzer den Ersatzanspruch aus § 1001.

Erklärt sich der Eigentümer innerhalb der ihm gesetzten Frist nicht, so kann der Besitzer nach den Vorschriften über den Pfandverkauf seine Befriedigung aus der Sache für den dem Eigentümer bezeichneten Betrag betreiben.

Bestreitet der Eigentümer vor Ablauf der Frist den Anspruch des Besitzers, so muß dieser den Betrag der ihm zu ersetzenden Verwendungen durch richterliches Urteil feststellen lassen. Nachdem dieses Feststellungsurteil rechtskräftig geworden ist, hat der Besitzer an den Eigentümer eine erneute Aufforderung zur Erklärung unter abermaliger Bestimmung einer angemessenen Frist zu richten. Erst nach vergeb-

---

[1]) Bei Grundstücken beträgt die Frist sechs Monate.

lichem Ablaufe auch dieser zweiten Frist ist dann der Verkauf der Sache zulässig (§§ 1003, 1234—1247).

§ 15.

b) Sonstige Ansprüche aus dem Eigentum.

1. Der **actio negatoria** in dem Umfange, den sie in der gemeinrechtlichen Praxis erhalten hatte, entspricht großenteils der Anspruch aus § 1004. Er schützt den Eigentümer gegen Beeinträchtigungen seines Eigentums, die „in anderer Weise als durch Entziehung oder Vorenthaltung des Besitzes" begangen worden sind. Der Anspruch findet wie die **actio negatoria** seine hauptsächliche Anwendung bei Grundstücken, kann aber auch bei beweglichen Sachen vorkommen.

Der Eigentümer kann:

a) Beseitigung eines Zustandes verlangen, der sein Recht beeinträchtigt;

b) wenn eine Wiederholung der Beeinträchtigung zu befürchten ist, auf Unterlassung klagen, die dann nach den Vorschriften der Civilprozeßordnung (C.P.O. § 890) erzwungen werden kann.

Auf Schadensersatz geht die Klage als solche nicht; er kann nur gefordert werden, wenn nach sonstigen Rechtsvorschriften, namentlich wegen unerlaubter Handlung ein Ersatzanspruch zusteht.

2. Grundlage des Anspruchs ist das Eigentum des Klägers, das ja als solches die Befugnis enthält, andere von der Einwirkung auf die Sache auszuschließen (§ 903). Jedoch ist der Anspruch ausgeschlossen, wenn der Eigentümer zur Duldung verpflichtet ist (§ 1004). Diese Verpflichtung kann auf einer gesetzlichen Eigentumsbeschränkung oder auf einem dinglichen oder obligatorischen Rechte eines Dritten beruhen. Beruft sich der Beklagte auf ein solches Recht, so trifft ihn die Beweislast.

3. Einen besonderen Schutz gewährt das Gesetzbuch dem Eigentümer, dessen Sache auf ein fremdes Grundstück geraten und noch nicht in Besitz genommen worden ist. Er kann in der gleichen Weise wie der Besitzer der Sache gegen den Besitzer des Grundstücks die Erlaubnis zur Aufsuchung und Wegschaffung der Sache verlangen (§ 1005; vgl. § 867, oben § 6, IV; S. 36 f.).

§. 16.

c) Beweis bei der Eigentumsklage.

I. Der dem Eigentumskläger obliegende Nachweis seines Eigentums wird teils erleichtert, teils erschwert durch die Vermutungen, die in Anlehnung an das deutsche Recht[1]) § 1006 aufstellt:

Zu Gunsten des Besitzers einer beweglichen Sache wird vermutet, daß er Eigentümer der Sache sei. Dies gilt jedoch nicht einem früheren Besitzer gegenüber, dem die Sache gestohlen worden, verloren gegangen oder sonst abhanden gekommen ist, es sei denn, daß es sich um Geld oder Inhaberpapiere handelt.

Zu Gunsten eines früheren Besitzers wird vermutet, daß er während der Dauer seines Besitzes Eigentümer der Sache gewesen sei.

Im Falle eines mittelbaren Besitzes gilt die Vermutung für den mittelbaren Besitzer.

Diese Eigentumsvermutungen aus dem gegenwärtigen oder dem früheren Besitze gelten an sich für den Besitzer überhaupt; der Besitzer, der sich auf sie beruft, braucht nicht Eigenbesitz darzuthun. Ergiebt sich aber aus seinem eigenen Vorbringen oder dem gegen ihn geführten Beweise, daß er nicht Eigenbesitzer ist, so tritt die Vermutung nicht ein.[2]) Beim mittelbaren Besitze kommt sie nur dem mittelbaren Besitzer, und wenn mehrere Stufen bestehen, dem letzten mittelbaren Besitzer zu statten.

Die Vermutung besteht bei Geld und Inhaberpapieren immer; bei anderen Sachen versagt sie gegenüber demjenigen früheren Besitzer, dem die Sache vor der Besitzzeit des jetzigen oder im Falle des Abs. 2 des früheren Besitzers abhanden gekommen ist.[3]) Beide Sonderbestimmungen hängen zusammen mit der Regelung des Erwerbs in gutem Glauben, der bei abhanden gekommenen Sachen im allgemeinen ausgeschlossen und nur bei Geld und Inhaberpapieren zugelassen ist (§ 935).

Nach diesen Vorschriften braucht also der Eigentumskläger seinen Eigentumserwerb nur dann zu behaupten und zu beweisen, wenn er den früheren Besitz nicht darzuthun vermag, entweder weil er die ihm gehörige Sache überhaupt nie besessen hat, was z. B. beim Eigentumserwerb am Zubehör eines Grundstücks (§ 926) oder durch Abtretung des Eigentumsanspruchs gegen einen andern als den Be-

---

[1]) Vgl. namentlich Gierke, Bedeutung des Fahrnisbesitzes 1897; Huber, Bedeutung der Gewere im Deutschen Sachenrecht 1894.

[2]) Gierke a. a. O. S. 24.

[3]) Vgl. zu dieser entsprechenden Anwendung der Vorschrift in § 1006 Abs. 1 z. B. Windscheid-Kipp, Pandekten Band I § 196 Anm. 1.

sitzmittler (§ 931 vgl. § 870) möglich ist, oder wenn er den Besitz zwar gehabt hat, ihn aber nicht beweisen kann. Im übrigen wird ihm durch die an den Besitz geknüpfte Eigentumsvermutung der besondere Nachweis seines Eigentums erspart. Diese Vermutung kann aber nicht nur durch Gegenbeweis widerlegt, sondern außer bei Geld und Inhaberpapieren, auch durch den Nachweis ausgeschlossen werden, daß die Sache dem Beklagten vor der Besitzzeit des Klägers abhanden gekommen sei.

Dieser Begünstigung des Eigentumsklägers steht aber eine noch bedeutsamere Erschwerung seiner Lage gegenüber. Da auch für das Eigentum des gegenwärtigen Besitzers eine Vermutung besteht, muß er sie entweder durch den Nachweis seines unfreiwilligen Besitzverlustes ausschließen, oder durch den Gegenbeweis, daß der Besitzer nicht Eigentümer sei, widerlegen.

II. Hiernach sind folgende Hauptfälle zu unterscheiden:

1. Bei Geld und Inhaberpapieren gilt die Eigentumsvermutung zu Gunsten des jeweiligen Besitzers ausnahmslos, da an ihnen der redliche Erwerber auch dann Eigentum erlangt, wenn sie dem Eigentümer abhanden gekommen sind (§ 935 Abs. 2). Daher wird, wenn der Kläger seinen früheren Besitz nachweist, sein vormaliges Eigentum vermutet, ohne daß der Beklagte diese Vermutung durch den Nachweis, daß ihm das Geld oder Papier vormals abhanden gekommen sei, beseitigen könnte, während allerdings der Gegenbeweis, daß der Kläger trotz Besitz nicht Eigentümer war, zulässig ist.

Andererseits muß aber auch der Kläger gegen die Vermutung zu Gunsten des Beklagten den Gegenbeweis erbringen, z. B. dahin, daß der Beklagte sich beim Erwerbe nicht in gutem Glauben befunden habe, daß die Veräußerung an ihn wegen Geschäftsunfähigkeit des Veräußerers nichtig gewesen sei u. dgl.

2. Bei allen übrigen beweglichen Sachen kommt es darauf an, ob sie dem Kläger, oder seinem Rechtsvorgänger, oder seinem Besitzmittler abhanden gekommen sind (z. B. durch Diebstahl, Verlieren) oder nicht.

Bei abhanden gekommenen Sachen genügt es zur Rechtfertigung des Anspruchs auf Herausgabe, daß der Kläger den unfreiwilligen Besitzverlust beweist. Er hat damit die sonst zu Gunsten des gegenwärtigen Besitzers geltende Eigentumsvermutung ausgeschlossen; da er auch seinen ehemaligen Besitz dargethan hat, so wird ohne weiteren Nachweis vermutet, daß er damals Eigentümer gewesen sei und es wird auch, da die erwähnte Gegenvermutung wegfällt, die Fortdauer dieses Eigentums einstweilen angenommen.

Der Beklagte kann dem gegenüber:

a) darthun, daß ihm die Sache vor der Besitzzeit des jetzigen Klägers abhanden gekommen sei. Er schließt damit die Eigentumsvermutung für den Kläger aus dessen früheren Besitze aus, so daß jetzt der Kläger genötigt ist, seinen Eigentumserwerb nachzuweisen;

b) die Vermutung für das Eigentum des Klägers aus dessen früherem Besitze durch Gegenbeweis beseitigen, z. B. nachweisen, daß der Kläger die Sache gestohlen, gefunden (vgl. jedoch § 973), von einem Nichtberechtigten nicht in gutem Glauben erworben habe;

c) sich darauf berufen, daß er an der dem Kläger abhanden gekommenen Sache das Eigentum erworben habe, z. B. durch Ersitzung (§§ 937 ff.), Erwerb bei einer öffentlichen Versteigerung (§ 935 Abs. 2), Verarbeitung (§ 950), Verbindung (§ 947 Abs. 2) oder dadurch, daß ihm der Kläger den Anspruch auf Herausgabe abgetreten habe (§ 931).

3. Sehr ungünstig ist die Lage des Klägers, wenn ihm entweder die Sache nicht abhanden gekommen war, er sie z. B. selbst aus seiner Inhabung weggegeben hatte, oder wenn er wenigstens einen unfreiwilligen Besitzverlust nicht nachweisen kann. Es genügt hier nicht, daß er seinen Eigentumserwerb oder doch seinen früheren Besitz beweist, der die Vermutung für sein vormaliges Eigentum erzeugt, sondern er muß weiter die für das jetzige Eigentum des gegenwärtigen Besitzers streitende Rechtsvermutung durch den Gegenbeweis entkräften, daß dieser nicht Eigentümer sei.

a) Hat der Besitzer die Sache von dem Kläger selbst oder von dessen Rechtsvorgänger durch ein Rechtsgeschäft erlangt, vermöge dessen er bloß Besitzmittler wurde, z. B. als Nießbraucher, Mieter, Aufbewahrer, während dem Eigentümer der mittelbare Besitz verblieb, so reicht zur Begründung des Klaganspruchs der Nachweis dieses Thatbestandes aus, da die Eigentumsvermutung für den mittelbaren Besitzer und gegen den Besitzmittler gilt (§ 1006 Abs. 3). Der Beklagte kann dann z. B. ausführen, daß er nachträglich durch Einigung mit dem Kläger das Eigentum erworben habe (§ 929). Auch kann er natürlich durch Einrede ein Recht auf den Besitz geltend machen (§ 986 Abs. 1).

b) Hat der Beklagte die Sache nicht von dem Eigentümer selbst, sondern von dessen Vertrauensmann erworben, so kann der Gegenbeweis gegen ihn dahin geführt werden, daß er nicht Eigentümer geworden sei, weil er z. B. die Sache nicht zu eigen, sondern nur als Besitzmittler erhalten habe, oder weil er beim Erwerbe nicht in gutem Glauben gewesen sei u. s. w.

III. Die Bestimmungen des § 1006 können zu einer schweren Gefährdung des Eigentümers führen, wenn er den Erwerbsmangel des gegenwärtigen Besitzers, oder wenn er den unfreiwilligen Besitzverlust nicht darzuthun vermag. Bei richtiger Anwendung der freien Beweiswürdigung (C.P.O. § 286) erscheinen sie als entbehrlich und es ist bedenklich, daß ein Urteil über das Eigentum auf der unzuverlässigen Grundlage des jetzigen oder früheren Besitzstandes möglich sein soll. Jedenfalls wird die Handhabung dieser Regeln beim Richter viel Umsicht und Vorsicht und richtigen Takt erfordern. Die Ansicht, daß die Eigentumsvermutung aus dem gegenwärtigen Besitz entkräftet werde durch die Vermutung für das Fortbestehen des einmal nachgewiesenen Eigentums[1]) hätte gute praktische Gründe für sich, ist aber mit dem Wortlaute des § 1006 leider kaum vereinbar.

§ 17.

3. Klage des früheren Besitzers.

I. Der erste Entwurf enthielt außer dem der Rei Vindicatio nachgebildeten Eigentumsanspruch (E. I, §§ 929—944) auch eine Art von Actio Publiciana (E. I, § 945).

Die zweite Kommission hat im Anschlusse an deutschrechtliche Gestaltungen und an das preußische Recht[2]) statt dieser Nachahmung des römischen Rechts einen viel weiter reichenden Anspruch aus dem früheren Besitze gesetzt, der gegen den schlechter berechtigten zustehen soll (E. II, § 919, rev. § 992; E. III, § 991).

§ 1007 des Gesetzbuchs bestimmt:

> Wer eine bewegliche Sache im Besitze gehabt hat, kann von dem Besitzer die Herausgabe der Sache verlangen, wenn dieser bei dem Erwerbe des Besitzes nicht in gutem Glauben war.
>
> Ist die Sache dem früheren Besitzer gestohlen worden, verloren gegangen oder sonst abhanden gekommen, so kann er die Herausgabe auch von einem gutgläubigen Besitzer verlangen,

[1]) Enneccerus-Lehmann, Bürgerl. Recht, Band II, § 28, S. 102 ff., der sich auf Förster-Eccius, Preußisches Privatrecht, Band III, S. 180 Anm. 26 beruft.

[2]) Preuß. Landr. I, 7, §§ 161 ff.; I, 15, § 34.

es sei denn, daß dieser Eigentümer der Sache ist oder die Sache ihm vor der Besitzzeit des früheren Besitzers abhanden gekommen war. Auf Geld und Inhaberpapiere findet diese Vorschrift keine Anwendung.

Der Anspruch ist ausgeschlossen, wenn der frühere Besitzer bei dem Erwerbe des Besitzes nicht in gutem Glauben war oder wenn er den Besitz aufgegeben hat. Im übrigen finden die Vorschriften der §§ 986 bis 1003 entsprechende Anwendung.

II. Hieraus ergeben sich für die Klage auf Herausgabe auf Grund des früheren Besitzes folgende Rechtssätze:

1. Rechter Kläger kann jeder vormalige Besitzer sein, nicht nur der Eigenbesitzer, sondern auch der Fremdbesitzer (z. B. der Nießbraucher, Pfandgläubiger, Mieter, Verwahrer), im Falle eines mittelbaren Besitzes sowohl der unmittelbare als jeder mittelbare Besitzer (§ 868). Dagegen steht dem bloßen Besitzdiener (§ 855) der Anspruch nicht zu. Der Anspruch ist vererblich und veräußerlich, kann daher auch durch den Erben und den Einzelnachfolger des früheren Besitzers erhoben werden.

2. Der Anspruch auf Herausgabe ist weiter von bestimmten positiven und negativen Voraussetzungen abhängig. Er steht zu:

a) gegen jeden, auch gegen den gutgläubigen Besitzer nur wegen abhanden gekommener Sachen mit Ausnahme von Geld und Inhaberpapieren;

b) bei sonstigen Sachen und überhaupt bei Geld und Inhaberpapieren nur gegen den bösgläubigen Erwerber. Bösgläubiger Erwerber ist, wer bei der Besitzergreifung den Mangel, der bei ihm einem Rechte auf den Besitz entgegensteht, gekannt oder aus grober Fahrlässigkeit nicht erkannt hat (vgl. § 932 Abs. 2).[1] Die erst nachträglich erlangte Kenntnis des Mangels bleibt außer Betracht.

3. Der Anspruch auf Herausgabe ist „ausgeschlossen":

a) wenn der frühere Besitzer „den Besitz aufgegeben hat." Er giebt ihn auf dadurch, daß er willentlich „die thatsächliche Gewalt über die Sache aufgiebt" (vgl. § 856 Abs. 1), sei es um sich lediglich des Besitzes zu entäußern (z. B. durch Wegwerfen), sei es um den Besitz völlig auf einen andern zu übertragen. Dagegen giebt den Besitz nicht auf, wer die Sache einem andern zum unmittelbaren Besitz überläßt und selbst daran den mittelbaren Besitz behält

[1]) Lehrreiche Beispiele bei Gierke a. a. O. S. 51 ff.

(§ 868). Er kann dann allerdings den Besitz dadurch einbüßen, daß ihn der Besitzmittler wider seinen Willen verliert (z. B. dadurch, daß bei ihm die Sache gestohlen wird) oder ihn freiwillig aufgiebt, namentlich die Sache einem dritten Erwerber zu Eigenbesitz übergiebt. Im ersteren Falle ist die Sache zugleich dem mittelbaren Besitzer abhanden gekommen (vgl. § 935 Abs. 1), so daß er sie nach § 1007 Abs. 2 auch einem gutgläubigen Besitzer abfordern kann. Im zweiten Falle dagegen ist sie zwar nicht abhanden gekommen, daher der Anspruch gegen den redlichen Erwerber ausgeschlossen, aber anderseits hat der Besitzer den Besitz nicht selbst aufgegeben, sondern ihn erst durch das Verhalten des Besitzmittlers verloren und so kann er die Sache nach § 1007 Abs. 1 dem bösgläubigen Besitzer abverlangen, ohne daß dieser sich auf den dritten Absatz des Paragraphen berufen könnte.[1])

Übrigens scheint die Bestimmung ziemlich überflüssig: „denn auf einen Besitz, den man selbst aufgegeben hat, kann man keinen Besitzrechtsanspruch mehr stützen".[2])

b) „wenn der frühere Besitzer bei dem Erwerbe des Besitzes nicht in gutem Glauben war", § 1007 Abs. 3.

In beiden Fällen handelt es sich um einen gesetzlichen Ausschließungsgrund. Daher ist der Mangel zu berücksichtigen, auch wenn er sich nicht aus den Behauptungen und Beweisen des Beklagten, sondern aus dem eigenen Vorbringen des Klägers ergiebt.[3])

4. Rechter Beklagter ist der Besitzer, mag er Eigen- oder Fremdbesitzer sein, bei mittelbarem Besitze auch jeder mittelbare Besitzer, dagegen nicht auch der bloße Besitzdiener.

5. Der Kläger muß zur Begründung seines Anspruchs behaupten und erforderlichenfalls beweisen:

a) daß er selbst oder sein Rechtsvorgänger, von dem er seinen Anspruch ableitet, im Besitze der Sache gewesen sei. Ein Recht auf den Besitz ist nicht nötig, weder zur Zeit der Klage, noch auch zur Zeit des Besitzverlustes; nur darf der Kläger nicht beim Besitzerwerbe in bösem Glauben gewesen sein. Daher hat den Anspruch z. B. auch, wer in gutem Glauben auf Grund einer nichtigen Veräußerung

---

1) A. A. Gierke, a. a. O. S. 62—72; vgl. dagegen von Tuhr, Deutsche Juristenzeitung 1899, S. 350.

2) Worte Gierkes a. a. O. S. 59.

3) Vgl. Biermann, zu § 1007 Nr. 2.

den Eigenbesitz oder aus einer nichtigen Miete den Fremdbesitz einer Sache erlangt hat oder wer an einer fremden Sache den Besitz ergriffen hat, die er in gutem Glauben für herrenlos gehalten hatte. Auch dauert z. B. für den Mieter oder Faustpfandgläubiger der Anspruch fort, wenngleich zur Zeit der Klageerhebung die Miete beendigt oder das Pfandrecht erloschen ist;

b) außerdem entweder, daß die Sache ihm selbst oder seinem Rechtsvorgänger oder einem Besitzmittler abhanden gekommen sei,

oder aber daß der Beklagte den Besitz nicht in gutem Glauben erworben habe.

6. Die Verteidigungsmittel des Beklagten ergeben sich zunächst aus den Sondervorschriften des § 1007. Ergänzend treten hinzu die Bestimmungen über den Eigentumsanspruch (§§ 986 ff.), die für entsprechend anwendbar erklärt sind (§ 1007 Abs. 3).

a) Jeder Beklagte, sei er gutgläubiger oder bösgläubiger Besitzer, kann einwenden, daß der Kläger selbst den Besitz nicht in gutem Glauben erworben habe (§ 1007 Abs. 3). Daher dringt gegen den Dieb der Kläger nicht durch, wenn er gleichfalls die Sache gestohlen oder auch wenn er sie, sei es bewußt unredlich, sei es auch nur grob fahrlässig, von dem Dieb, von einem Hehler, von einem ungetreuen Vertrauensmann erworben hatte. Die Beweislast für diese Einwendung trifft den Beklagten.

b) Ebenso kann jeder Beklagte geltend machen, daß der Kläger selbst den Besitz aufgegeben habe (§ 1007 Abs. 3). Die Bedeutung dieser Einwendung ist verschieden, je nachdem sich der Kläger zur Begründung des Klaganspruchs auf Unredlichkeit des Beklagten beim Besitzerwerbe (§ 1007 Abs. 1) oder auf das Abhandenkommen der Sache (§ 1007 Abs. 2) berufen hatte. Im ersten Falle macht der Beklagte lediglich einen gesetzlichen Ausschließungsgrund geltend, für den ihn die Beweislast trifft. Im zweiten Falle dagegen bestreitet er einen Teil des Klaggrundes, für den der Kläger beweispflichtig ist. Indem der Beklagte behauptet, daß der Kläger den Besitz aufgegeben hat, bestreitet er das Abhandenkommen der Sache. Tritt der Beklagte für seine Behauptung Beweis an, so handelt es sich daher um einen Gegenbeweis gegen den vom Kläger zu erbringenden Nachweis des Klaggrundes.[1]) Deshalb ist, auch wenn dieser Gegenbeweis mißlingt, anders als im ersten Falle der Kläger abzuweisen,

[1]) Vgl. Gierke, a. a. O. S. 59, Anm. 33.

wenn es ihm nicht geglückt ist, das Abhandenkommen der Sache darzuthun.

c) Dem gutgläubigen Besitzer, von dem der Kläger die Herausgabe einer abhanden gekommenen Sache verlangt, gewährt § 1007 Abs. 2 zwei besondere Einreden:

Er kann einmal ausführen, daß er Eigentümer der Sache sei, sei es weil sie ihm schon zur Besitzzeit des Klägers gehört habe, sei es weil er das Eigentum an der Sache, nachdem sie dem Kläger abhanden gekommen war, erworben habe, z. B. durch gutgläubigen Erwerb bei einer öffentlichen Versteigerung (§ 935 Abs. 2) oder durch Ersitzung (§§ 937 ff.).

Er kann ferner ausführen, daß ihm die Sache gleichfalls und zwar früher als dem jetzigen Kläger abhanden gekommen sei.

d) Nach § 986, der entsprechende Anwendung finden soll, kann auch dem Anspruche aus dem früheren Besitze gegenüber eine Berechtigung zum Besitze geltend gemacht werden; sie kann durch den gutgläubigen wie auch durch den bösgläubigen Besitzer behauptet werden.

e) Gegenansprüche wegen der Verwendungen kann der Beklagte wie beim Eigentumsanspruche geltend machen (§§ 994 ff.).

7. Gegen die Einwendungen des Beklagten können dem Kläger Repliken zustehen. So kann er gegen die Einwendung des gutgläubigen Besitzers, daß ihm selbst die Sache früher als dem Kläger abhanden gekommen sei, entgegnen, daß der frühere Besitz von dem Beklagten oder seinem Rechtsvorgänger unredlich erworben worden sei. Wie in einem solchen Falle der Klaganspruch aus dem früheren Besitze ausgeschlossen ist, so wird durch diese Replik die Einwendung des Beklagten entkräftet.[1] Streitig ist, ob der Kläger gegenüber der Einwendung aus dem früheren Abhandenkommen der Sache sich auf das Eigentum daran berufen könne.[2] Für die Verneinung scheint der Wortlaut des § 1007 Abs. 2 zu sprechen. Für die Bejahung läßt sich anführen, daß ja auch der Beklagte das Eigentum an der abhanden gekommenen Sache geltend machen kann. Auch Zweckmäßigkeitsgründe sprechen für diese zweite vorzuziehende Ansicht. Nach der andern Meinung wäre der Kläger zwar mit der Klage aus dem früheren Besitz abzuweisen, könnte aber dann mit der Eigentumsklage auf Herausgabe klagen (§ 985), oder er müßte versuchen, innerhalb

---

[1]) Siehe auch Gierke, a. a. O. S. 63.

[2]) Für Zulassung der Replik Biermann zu § 1007 Anm. 8 d; Planck-Greiff, Kommentar zu § 1007, Anm. 3 b, β; für Ausschluß Gierke a. a. O. S. 62 ff.

des ursprünglichen Prozesses durch Klagänderung zur Eigentumsklage überzugehen, was ihm durch die neue Prozeßordnung erleichtert wird (C.P.O. § 264).

Gegen die Einwendung des gutgläubigen Besitzers, daß er Eigentümer sei, kann der Kläger erwidern, daß ihm trotz diesem Eigentum des Beklagten ein Recht auf dem Besitz zustehe, z. B. als Nießbraucher Faustpfandgläubiger, Mieter u. s. w.[1])

8. Die Klage geht zunächst auf Herausgabe der Sache; als Nebenforderungen können wie bei der Eigentumsklage Ansprüche wegen der Nutzungen oder wegen Schadensersatzes verfolgt werden (§§ 1007 Abs. 3, 987 ff.).

9. Die Klage aus dem früheren Besitz berührt sich mehrfach einerseits mit der Besitzklage wegen Besitzentsetzung (§§ 861 ff.) andererseits mit der Eigentumsklage (§§ 985 ff.), und steht zwischen beiden in der Mitte.

a) Kläger ist bei der Eigentumsklage der Eigentümer, bei den beiden andern Klagen der frühere Besitzer.

b) Die Eigentumsklage geht gegen jeden Besitzer, die Klage aus § 1007 gegen jeden bösgläubigen, bei abhanden gekommenen Sachen auch gegen den gutgläubigen Besitzer, die Besitzentsetzungsklage nur gegen den fehlerhaften Besitzer, d. h. denjenigen, der dem Kläger oder dessen Erblasser den Besitz durch verbotene Eigenmacht entzogen hat, seinen Erben, endlich einen sonstigen Nachfolger im Besitze, wenn er beim Besitzerwerbe die Fehlerhaftigkeit des Besitzes seines Vorgängers kennt (§ 858). Der fehlerhafte Besitz braucht nicht bösgläubig zu sein, wie z. B. wenn der vermeintliche Erbe in gutem Glauben den Besitz von Nachlaßsachen ergriffen und ihn dadurch dem wahren Erben entzogen hat. Ebenso ist der bösgläubige Besitz nicht notwendig fehlerhaft, so besitzt z. B., wer bei dem Diebe eine gestohlene Sache stiehlt, ohne von dem früheren Diebstahle etwas zu wissen, dem zuerst Bestohlenen gegenüber nicht fehlerhaft.

c) Die Eigentumsklage gründet sich auf das Eigentum (§ 985),

---

[1]) Vgl. Gierke a. a. O. S. 61 ff.; anderer Ansicht Planck-Greiff zu § 1007 Anm. 3, b, β, $\alpha\alpha$: „Das Eigentum giebt dem Beklagten nicht nur eine Einrede, sondern ist eine den Anspruch ausschließende Thatsache (?!), die den Grund des Anspruchs, das bessere Recht zum Besitze beseitigt.“ Da aber dem Kläger freistehen soll, seinen Herausgabeanspruch unter Änderung des Klaggrundes auf ein ihm dem Beklagten gegenüber zustehendes dingliches oder persönliches Recht zu stützen, ist der praktische Unterschied zwischen den beiden Auffassungen unerheblich.

die beiden andern Klagen stützen sich auf den vormaligen Besitz, der bei der Besitzentziehungsklage nicht dem Beklagten gegenüber fehlerhaft, bei der Klage aus § 1007 nicht bösgläubig erworben sein darf. Außerdem muß bei den beiden Klagen aus dem vormaligen Besitz noch ein besonderer Thatbestand hinzukommen: bei der Besitzentziehungsklage der Verlust des Besitzes durch verbotene Eigenmacht, bei der Klage aus § 1007 entweder bösgläubiger Besitzerwerb des Beklagten oder Verlust des Besitzes durch Abhandenkommen.

d) Einwendungen aus einem Rechte auf den Besitz sind gegenüber der Besitzentziehungsklage ausgeschlossen; der Beklagte kann sich auf ein solches Recht nur berufen, wenn dadurch die Klagbehauptung wegen der verbotenen Eigenmacht bestritten werden soll (§ 863). Bei den beiden andern Klagen sind Einwendungen aus dem Rechte auf den Besitz zugelassen, bei der Klage gegen den gutgläubigen Besitzer aus § 1007 außerdem noch die Einrede, daß die Sache auch ihm und zwar früher als dem jetzigen Kläger abhanden gekommen sei.

e) Für den Anspruch wegen Besitzentsetzung besteht eine gesetzliche einjährige Ausschlußfrist (§ 864); die beiden andern Ansprüche unterliegen nur der gewöhnlichen dreißigjährigen Verjährung (§ 195).

f) Da das frühere Verbot der Verbindung der Besitzklage mit der Klage aus dem Rechte (C.P.O. von 1877 § 232) beseitigt ist (C.P.O. § 260), so kann gegebenen Falls jede der drei Klagen mit den übrigen verbunden werden.

g) Im Prozesse über die Eigentumsklage wird durch die Verurteilung des Beklagten zur Herausgabe zugleich das Eigentum des Klägers festgestellt.[1]) Im Besitzprozeß nach § 861 enthält die Verurteilung des Beklagten zur Herausgabe keinerlei Entscheidung über das Recht auf den Besitz: weder wird ein solches Recht dem Kläger zugesprochen, noch wird es dem Beklagten abgesprochen; Einreden aus einem Rechte zum Besitze sind durch das Gesetz ausgeschlossen (§ 863).

Dagegen sind gegenüber der Klage aus § 1007 solche Einreden zugelassen (§§ 1007 Abs. 3, 986) und es wird gewöhnlich diese Klage als petitorische, als Besitzrechtsklage der rein possessorischen aus § 861 gegenübergestellt.[2]) Nach der Ansicht Gierkes, dem die

---

[1]) Vgl. oben § 14, II, 3; S. 76.

[2]) Z. B. Cosack, Bürgerl. Recht, Band II, § 189 a E., Überschrift zu § 191: „Die petitorischen Besitzansprüche". Enneccerus-Lehmann, Bürgerl. Recht, Band II, Überschrift zu § 6: „Die Besitzrechtsklage des Mobiliarbesitzers". Matthiaß, Lehr-

Auslegung des schwierigen Paragraphen so viel zu verdanken hat, erledigt die Entscheidung über den Anspruch auf Herausgabe nach § 1007 nicht nur jeden vorher entstandenen possessorischen Anspruch auf Besitzeinräumung, sondern das rechtskräftige Urteil im Besitzrechtsprozesse präjudiziert auch dem Anspruch aus dem Rechte selbst. Bei der Verurteilung zur Herausgabe steht fest, daß dem Kläger gegenüber der Beklagte kein Recht auf den Besitz habe, da er ja jedes bessere Besitzrecht geltend machen konnte; bei Abweisung des Klägers steht seiner Klage aus dem Rechte selbst die Einrede der abgeurteilten Sache insoweit entgegen, als über das bessere Besitzrecht entschieden ist.

Gegen diese Ausführungen erheben sich manche Bedenken. Vor allem gehört bei der Klage aus § 1007 ein Recht des Klägers auf den Besitz nicht zum Klaggrunde; es wird erfordert weder zur Zeit des Besitzverlustes noch zur Zeit des Urteils. Daher wird auch durch die Verurteilung des Beklagten zur Herausgabe ein Recht des Klägers auf den Besitz nicht festgestellt, während allerdings im Eigentumsprozeß die Verurteilung die Beklagten zur Herausgabe zugleich die Feststellung des klägerischen Eigentums enthält. Uebrigens könnte es sich natürlich auch nicht um ein Recht auf den Besitz im allgemeinen, sondern nur um ein bestimmtes Recht auf den Besitz, z. B. aus Eigentum, Nießbrauch, Pfandrecht, Miete, Leihe u. s. w. handeln. Über ein solches Recht braucht aber im Falle des § 1007 gar nicht gestritten zu werden, da es dem bösgläubigen Erwerber gegenüber und bei abhanden gekommenen Sachen genügt, daß der Kläger vormals Besitzer gewesen ist, wenn er nur nicht bei dem Erwerbe des Besitzes in bösem Glauben war.

Anderseits wird aber auch dem Beklagten durch die Verurteilung zur Herausgabe nicht jedes Recht auf den Besitz dem Kläger gegenüber aberkannt, ebensowenig als dies zum Beispiele bei der Verurteilung im Eigentumsprozesse zutrifft. Dies gilt ganz unzweifelhaft für Gegenrechte, die vom Beklagten überhaupt nicht geltend gemacht sind, die gar nicht den Gegenstand der Verhandlung und Entscheidung gebildet haben. Soll etwa ein Nießbrauchsrecht, das vom Beklagten nicht eingewendet worden ist, dem Beklagten abgesprochen sein, bloß weil er in der Lage gewesen wäre, es vorzuschützen? Das gleiche ist aber auch, obgleich dies nicht unbestritten ist, anzunehmen für

---

buch des bürgerl. Rechts, Band II, § 34: „Der Anspruch ist kein Besitzanspruch, sondern ein solcher aus dem materiellen Besitzrecht.“

[1]) Gierke, Bedeutung des Fahrnisbesitzes, § 65.

Gegenrechte, auf die sich der Beklagte im Prozesse berufen hatte; auch sie werden ihm, wie sich aus der Fassung des § 322 der Civilprozeßordnung ergiebt, durch die bloße Verurteilung zur Herausgabe nicht aberkannt.

Endlich wird auch durch die einfache Abweisung des Klägers wegen eines gegen ihn in Anspruch genommenen Gegenrechts des Beklagten dieses Gegenrecht selbst nicht urteilsmäßig festgestellt.

Anders ist es in den sämtlichen angeführten Fällen nur, wenn durch Zwischenfeststellungsklage des Klägers oder des Beklagten die Feststellung beantragt und ein Feststellungsurteil erlassen worden ist (C.P.O. § 280).

10. Übrigens schließt der scheinbar einheitliche Anspruch auf Herausgabe aus § 1007 zwei zum Teil wesentlich verschiedene Klagen ein, je nachdem er auf den unredlichen Besitzerwerb des Beklagten oder auf das Abhandenkommen der Sache beim Kläger gestützt wird. Sie unterscheiden sich nicht nur in ihren Voraussetzungen, sondern es ist auch die Verteidigung des Beklagten bei ihnen verschieden. Nur die Klage wegen abhanden gekommener Sachen geht gegen den Besitzer als solchen, daher ist nur bei ihr nach C.P.O. § 76 die Urheberbenennung an den mittelbaren Besitzer zulässig, dem gegenüber der Beklagte als Besitzmittler zum Besitze berechtigt oder verpflichtet ist. Dagegen ist bei der Klage gegen den bösgläubigen Besitzer diese Benennung ebenso wie bei der gemeinrechtlichen Spolienklage und bei der Klage wegen Besitzentziehung aus § 861 ausgeschlossen.[1])

Die Klage wegen unredlichen Besitzerwerbs nähert sich der Besitzentsetzungsklage, die Klage wegen abhanden gekommener Sachen ist der Eigentumsklage namentlich durch die Bestimmung in § 1006 nahe gerückt, wonach bei dem Besitzer eine Vermutung für dessen Eigentumsrecht besteht. Jedoch ist auch die Klage aus § 1007 Abs. 2 eine allerdings eigenartig gestaltete Besitzklage, weil sie nicht auf einem Rechte des Klägers, sondern auf seinem vormaligen Besitze beruht.[2]) Da sie jedem nicht bösgläubigen Besitzer zukommen kann, ist ihr Anwendungsgebiet sehr ausgedehnt: sie ermöglicht es, daß auch dem redlichsten und gewissenhaftesten Erwerber, der aber nicht Eigentümer geworden ist, nicht nur durch den Eigentümer wie nach

---

[1]) Gaupp-Stein, Civilprozeßordnung, 4. Aufl., Band I zu § 76, II, 1 Richard Schmidt, Änderungen des Civilprozeßrechts, S. 116 Anm. 1.

[2]) Vgl. auch Schmidt a. a. O.

römischem Rechte, sondern auch durch jeden vielleicht überhaupt nicht oder nur vorübergehend zum Besitze berechtigten früheren Besitzer die Sache abgefordert werden kann, wenn nur der Kläger beim Besitzerwerbe nicht bösgläubig gewesen und ihm die Sache abhanden gekommen ist. Von einem besseren Rechte auf den Besitz wird man in solchen Fällen nicht reden dürfen. Wie bei den Vorschriften über den Eigentumserwerb der Schutz des gutgläubigen Erwerbers auf Kosten des Eigentümers übertrieben worden ist, so scheint hier der Schutz des vormaligen Besitzers auf Kosten des redlichen Erwerbers übertrieben zu sein. Es bleibt abzuwarten, wie sich die gekünstelten und schwierigen Vorschriften des § 1007 im Rechtsleben bewähren werden.

IV. Nießbrauch an beweglichen Sachen.

§ 18.

I. Der Nießbrauch an einer Sache ist das dingliche Recht, kraft dessen der Berechtigte die Nutzungen der Sache ziehen darf (§ 1030). Er ist die wichtigste, bei beweglichen Sachen die einzige persönliche Dienstbarkeit, die das bürgerliche Gesetzbuch kennt. Da zu den Nutzungen außer den Früchten auch die Vorteile aus dem Gebrauche der Sache gehören (§ 100), so entspricht der Nießbrauch dem römischen Usus fructus.[1]) Er ist möglich an Fahrnissen wie an Grundstücken,[2]) wird aber an beweglichen Sachen kaum anders vorkommen als wenn sie Zubehör eines mit dem Nießbrauch belasteten Grundstücks sind,[3]) oder zu einem Vermögen gehören, woran der Nießbrauch bestellt werden soll.[4]) Die Vorschriften im dritten Buche des bürgerlichen Gesetzbuchs beziehen sich nur auf den Nießbrauch, der durch Rechtsgeschäft oder Ersitzung begründet wird. Die gesetzliche Nutznießung des Ehemanns am eingebrachten Gute der Frau (§§ 1363ff., 1525, 1550) und der Eltern am unfreien Vermögen der ihrer Gewalt unterworfenen Kinder (§§ 1649—1663, 1685, 1686, 1635, 1700) ist als Ausfluß der familienrechtlichen Stellung des Ehemanns und der Eltern im Familienrechte besonders geregelt.[5])

---

[1]) L. 1 de usufr. (7,1): Usus fructus est ius alienis rebus utendi fruendi salva rerum substantia, vgl. §§ 1030, 1037; Code civil Art. 578.

[2]) Nießbrauch an Rechten in §§ 1068—1084.

[3]) Vgl. § 1031.

[4]) Vgl. § 1085.

[5]) Verweisungen auf die Vorschriften über den Nießbrauch: §§ 1383, 1384, 1652.

II. Der Nießbrauch an beweglichen Sachen kann entstehen:

1. Durch besondere Bestellung. Erfordert wird ein Vertrag zwischen den Beteiligten über Bestellung und Erwerb des Nießbrauchs und die Übergabe der Sache. Die Vorschriften über die Eigentumsübergabe finden entsprechende Anwendung. So genügt, wenn der Erwerber schon Besitzer ist, der Vertrag über Einräumung des Nießbrauchs; als Ersatz der Übergabe können Besitzkonstitut und Abtretung des Anspruchs auf Herausgabe dienen. Auch wenn der Besteller nicht Eigentümer ist, erlangt der gutgläubige Erwerber den Nießbrauch, wofern nicht etwa die Sache dem Eigentümer abhanden gekommen war. Bestehen an der zum Nießbrauch übergebenen Sache Rechte Dritter, so geht ihnen das Recht des Nießbrauchers vor, wenn er wegen dieser Belastungen in gutem Glauben war (§§ 1032, 929 Abs. 2, 930—936).

Diese Bestellung des Nießbrauchs durch dinglichen Vertrag und Übergabe ist auch dann erforderlich, wenn die beweglichen Sachen zu einem Vermögen gehören, an welchem der Nießbrauch verschafft werden soll; einen Erwerb durch einheitliche Bestellung kennt das Gesetzbuch nicht (§ 1085). Dies gilt namentlich auch für den Fall wo am ganzen Nachlaß oder an einem Bruchteile der Erbschaft der Nießbrauch vermacht worden ist, da der Vermächtnisnehmer immer nur ein Forderungsrecht auf Verschaffung des Vermächtnisses hat (§§ 2174, 1967 Abs. 2).

2. Dieser besonderen Bestellung durch Übergabe bedarf es nicht, wenn der Nießbrauch außer an einem Grundstücke auch an dessen Zubehör bestellt werden soll. Hier entsteht mit der Begründung des Nießbrauchs am Grundstücke zugleich auch der Nießbrauch am Zubehör, wenn die Beteiligten einen hierauf gerichteten Vertrag geschlossen hatten. Auch an Zubehörstücken, die dem Besteller nicht gehören, erhält der Erwerber den Nießbrauch, wenn er zu der Zeit, wo er den Besitz erlangt, in gutem Glauben ist und die Sachen nicht etwa dem Eigentümer abhanden gekommen waren. Ebenso geht bei redlichem Erwerbe das Recht des Nießbrauchers sonstigen Rechten Dritter an der Nießbrauchsache vor (§§ 1031, 926, 932—936).

3. Durch Ersitzung. Auf sie finden die Vorschriften über die Eigentumsersitzung entsprechende Anwendung (§ 1033). Erfordert wird zehnjähriger Besitz als Nießbraucher, guter Glaube beim Erwerbe des Besitzes, dauernde Unkenntnis des fremden Rechts. Da der Nießbrauch weder vererblich noch übertragbar ist (§§ 1061, 1059),

eine Rechtsnachfolge daher bei ihm nicht vorkommen kann, sind die Bestimmungen über die Anrechnung der Ersitzungszeit eines Rechtsvorgängers oder Erbschaftsbesitzers unanwendbar (§§ 943, 944).[1]) Anders als bei der Eigentumsersitzung werden die an der Sache bestehenden dinglichen Rechte durch die Ersitzung des Nießbrauchs nicht aufgehoben, jedoch geht das ersessene Nießbrauchsrecht diesen Rechten vor, soweit über sie der Ersitzende beim Besitzerwerbe in gutem Glauben gewesen ist und auch während der Ersitzungszeit nichts von ihrem Bestehen erfahren hat (§§ 1033, 945).

4. Beim Nießbrauche an einer Forderung entsteht mit der Leistung des Schuldners an den Nießbraucher für diesen der Nießbrauch an der geleisteten Sache, während das Eigentum an den Gläubiger fällt (§ 1075).

III. Der Nießbraucher ist berechtigt, „die Nutzungen der Sache zu ziehen" (§ 1030 Abs. 1). Regelmäßig erstreckt sich sein Recht auf alle Nutzungen, jedoch kann es durch Ausschluß einzelner Nutzungen beschränkt (§ 1030 Abs. 2), es kann z. B. beim Nießbrauch an einer Kuh bestimmt werden, daß die Kälber dem Eigentümer gehören sollen. Dabei ist es Auslegungsfrage, ob trotz diesem Ausschlusse überhaupt noch ein Nießbrauch übrig bleibt. Ist dies nicht der Fall, so ist bei beweglichen Sachen nur ein obligatorisches Verhältnis möglich, während an Grundstücken auch beschränkte persönliche Dienstbarkeiten bestellt werden können (§§ 1090 ff.).

Zu den Nutzungen, die dem Nießbraucher zufallen, gehören auch die nicht nach den Regeln einer geordneten Wirtschaft gezogenen Früchte, sowie eine übermäßige Ausbeute, die durch besondere Ereignisse veranlaßt ist (§ 1039). Dagegen erlangt der Nießbraucher kein Recht an einem Schatze, der in der Nießbrauchsache gefunden wird: er erwirbt an der Hälfte, die nicht dem Entdecker zufällt, weder Eigentum noch Nießbrauch (§§ 1040, 984).

Das Eigentum an den Früchten erwirbt der Nießbraucher nicht wie nach römischem Rechte[2]) erst mit der Besitzergreifung, sondern schon mit der Trennung (§ 954).

IV. Den Rechten des Nießbrauchers stehen bestimmte Verpflichtungen gegenüber. Sie beruhen nicht wie im römischen Rechte auf einem besonderen Vertrage, zu dessen Eingehung mit dem Eigen-

[1]) Vgl. Biermann, Kommentar, Anm. zu § 1033.

[2]) l. 12 § 5 de usufr. (7, 1).

tümer der Nießbraucher verpflichtet ist (cautio usufructuaria)[1]) und für dessen Erfüllung er Sicherheit durch Bürgen leisten muß,[2]) sondern sie sind wie schon im gemeinen Rechte[3]) gesetzliche Verbindlichkeiten.

Dieses Schuldverhältnis besteht zwischen dem Nießbraucher und dem Eigentümer, nicht wie beim Faustpfande zwischen dem Faustpfandgläubiger und dem Verpfänder. Jedoch wird zu Gunsten des Nießbrauchers vermutet, daß der Besteller der Eigentümer sei (§ 1058); daher genügt z. B. der Nießbraucher seiner Rückgabepflicht, wenn er die Sache dem Besteller zurückgiebt, auch wenn dieser nicht der Eigentümer ist. Die Vermutung fällt weg, wenn der Nießbraucher gewußt hat, daß der Besteller nicht Eigentümer sei, dagegen steht selbst die grob fahrlässige Unkenntnis dem Wissen nicht gleich. Dabei ist aber zu bedenken, daß bei der Übergabe einer Sache zum Nießbrauch durch einen Nichteigentümer auch grob fahrlässige Unkenntnis des Empfängers den guten Glauben ausschließt und somit ein Nießbrauchsrecht überhaupt nicht entsteht.

1. Zur Beseitigung von Beweisschwierigkeiten ist sowohl dem Eigentümer als dem Nießbraucher das Recht eingeräumt, jederzeit auf eigene Kosten den Zustand der Nießbrauchssache durch gerichtlich ernannte Sachverständige, soweit thunlich unter Anhörung des andern Teils feststellen zu lassen (§ 1034).[4]) Beim Nießbrauche an einer Sachgesamtheit, z. B. einer Heerde, einem Warenlager, sind beide Teile einander zur Mitwirkung bei der Aufnahme eines Bestandverzeichnisses verpflichtet; auch kann jeder Teil die Aufnahme durch die zuständige Behörde, einen zuständigen Beamten oder Notar verlangen. Die Kosten hat der Antragsteller zu tragen und vorzuschießen (§ 1035).

2. Bei der Ausübung seines Rechts muß der Nießbraucher nach den Regeln einer ordnungsmäßigen Wirtschaft verfahren; auch darf er die Sache nicht umgestalten oder wesentlich verändern, und muß ihr die bisherige wirtschaftliche Bestimmung belassen (§§ 1036, 1037 Abs. 1). Ihm liegt die Sorge für die Erhaltung der Sache in ihrem wirtschaftlichen Bestande ob (§ 1041), jedoch haftet er nicht für Ver-

---

[1]) Dig. VII, 9: Usufructuarius quemadmodum caveat; Lenel, Edictum S. 296, 420.

[2]) l. 13 pr. de usufr. (7, 1).

[3]) Windscheid-Kipp, Pandekten, Band I, § 204, Anm. 1; Dernburg, Pandekten, Band I, § 248; Entscheidungen des Reichsgerichts, Band XIII, S. 172.

[4]) R.G. über die freiwillige Gerichtsbarkeit § 164.

schlechterungen und Veränderungen, die bloß Folge des ordnungsmäßigen Gebrauchs sind (§ 1050). Die gewöhnlichen laufenden Ausbesserungen und Erneuerungen liegen ihm ob (§ 1041), dagegen ist zu außergewöhnlichen Maßnahmen weder er, noch der Eigentümer verpflichtet. Will er eine Ausbesserung oder Erneuerung nicht selbst bewirken, so hat er dem Eigentümer deren Vornahme zu gestatten (§ 1044). Zur unverzüglichen Anzeige an den Eigentümer ist er verpflichtet, wenn die Sache zerstört oder beschädigt wird, wenn ungewöhnliche oder unerwartete Vorkehrungen zu treffen sind, wenn ein Dritter ein Recht an der Sache in Anspruch nimmt (§ 1042). Soweit die Versicherung der Sache gegen Brandschaden oder sonstige Unfälle[1]) bei ordnungsmäßiger Wirtschaft geboten erscheint, hat er sie zu versichern und dabei den Versicherungsvertrag auf Leistung an den Eigentümer in der Art zu schließen, daß dieser daraus berechtigt wird; unter der gleichen Voraussetzung hat er bei einer bereits laufenden Versicherung die Prämie während der Dauer seines Nießbrauchs zu bezahlen (§ 1045). Nach Eintritt des Schadens steht ihm an der Entschädigungsforderung des Eigentümers gegen den Versicherer der Nießbrauch wie an einer verzinslichen Kapitalforderung zu (§§ 1046 Abs. 1, 1076—1079). Der Versicherer wird nur befreit, wenn er an den Eigentümer und Nießbraucher gemeinschaftlich zahlt (§ 1077 Abs. 1). Die Versicherungssumme ist auf Verlangen des Eigentümers oder des Nießbrauchers zur Wiederherstellung oder zum Ersatze zu verwenden, soweit dies guter Wirtschaft entspricht, im übrigen wie Mündelgeld nach der näheren Bestimmung des Nießbrauchers verzinslich anzulegen. An den bei dieser Anlegung für den Eigentümer begründeten Rechten ist dann dem Nießbraucher der Nießbrauch zu bestellen (§§ 1079, 1069, 1807).

Hat der Nießbraucher ordnungswidrig oder übermäßig Früchte bezogen, so muß er bei Beendigung des Nießbrauchs ihren Wert dem Eigentümer ersetzen und einstweilen Sicherheit leisten, wofern nicht durch diesen Fruchtbezug die ihm zustehenden Nutzungen geschmälert worden sind. Auch haftet er, wenn ihn ein Verschulden trifft, auf Schadensersatz. Der von ihm zu ersetzende Betrag ist auf sein oder des Eigentümers Verlangen zur Wiederherstellung zu verwenden, soweit dies einer ordnungsmäßigen Wirtschaft entspricht (§ 1039).

Nach der allgemeinen Regel des Obligationenrechts haftet der

---

[1]) Hierher kann z. B. Viehversicherung gehören.

Nießbraucher, soweit für ihn Verpflichtungen bestehen, für Vorsatz und für Fahrlässigkeit, worunter das Außerachtlassen der im Verkehre erforderlichen Sorgfalt zu verstehen ist (§ 276).

3. Während nach gemeinem,[1]) französischem[2]) und sächsischem Rechte[3]) regelmäßig jeder Nießbraucher vor Beginn der Ausübung seines Rechts dem Eigentümer Sicherheit zu leisten hat, stellt das bürgerliche Gesetzbuch nach dem Vorbilde des preußischen[4]) und österreichischen Rechts[5]) eine solche allgemeine Verbindlichkeit nicht auf. Der Eigentümer kann außer in dem schon erwähnten Falle des ordnungswidrigen oder übermäßigen Fruchtbezugs (§ 1039) Sicherheit nur verlangen, wenn seine Rechte durch das Verhalten des Nießbrauchers erheblich[6]) gefährdet werden (§ 1051).

Als weiteres Schutzmittel steht dem Eigentümer unter Umständen das Recht zu, beim Gerichte die Anordnung einer Verwaltung zu veranlassen. Er kann darauf antragen:

a) Wenn der Nießbraucher wegen Gefährdung des Eigentümers rechtskräftig zur Sicherheitsleistung verurteilt ist. In diesem Falle kann der Eigentümer statt der Sicherheitsleistung die Anordnung der Verwaltung verlangen, wenn die auf seinen Antrag durch das Gericht dem Nießbraucher gesetzte Frist abgelaufen ist, ohne daß die Sicherheit bestellt wurde.

Wird sie später nachgeholt, so ist die Verwaltung aufzuheben (§ 1052; vgl. C.P.O. § 255 Abs. 2; Zwangs-Vollstr.-G. §§ 150 ff.)

b) Wenn der Nießbraucher durch sein Verhalten die Rechte des Eigentümers bereits erheblich verletzt hat und dies rechtsverletzende Verhalten trotz Abmahnung des Eigentümers fortsetzt (§ 1054).[7])

Der Verwalter wird vom Gerichte ernannt und steht unter dessen

---

[1]) l. 13 pr. de usufr. (7, 1); Seuffert, Archiv, Band XXIV, Nr. 301.

[2]) Code civil, Art. 601, vgl. 602—604.

[3]) Sächs. G.B. § 617.

[4]) Preuß. Landr. I, 21, § 19.

[5]) Österr. G.B. § 520.

[6]) Eine „erhebliche" Gefährdung verlangt erst der revidierte zweite Entwurf § 1085, vgl. Protokolle, Band VI, S. 389; nach E. I, § 1005, E. II. § 961 genügt Gefährdung überhaupt.

[7]) In diesem Falle kann die Anordnung der Verwaltung durch Sicherheitsleistung weder abgewendet noch beseitigt werden; vgl. E. I., § 1006 Abs. 2; Motive Band III, S. 519; Dernburg, bürgerl. Recht, Band III, S. 528; Cosack, bürgerl. Recht, Band II, § 256 Nr. 15; Biermann, Kommentar zu §§ 105 ff.; a. A. Windscheid-Kipp, Band I, § 204 Anm. 5.

Aufsicht; auch der Eigentümer kann als Verwalter bestellt werden. Ausgeübt wird die Verwaltung für Rechnung des Nießbrauchers und auf dessen Kosten (§ 1052 Abs. 1, 2).

Wegen unbefugten Gebrauchs der Sache, den der Nießbraucher trotz Verwarnung des Eigentümers fortsetzt, kann dieser auf Unterlassung klagen (§ 1053);[1] auch kann er die Beseitigung von Beeinträchtigungen fordern, zu deren Duldung er nicht verpflichtet ist (§ 1004).

4. Wie nach gemeinem Rechte[2] ist das Nießbrauchsrecht unübertragbar (§ 1059); die entgegengesetzte Bestimmung des ersten Entwurfs (E. I, § 1011 vgl. §§ 1012, 1013) ist von der zweiten Kommission mit bestem Grunde abgeändert worden.[3] Jedoch kann die Ausübung einem andern entgeltlich, z. B. durch Vermietung, oder unentgeltlich wie durch Leihe überlassen werden. Ist ihm der Besitz übergeben, so wird er unmittelbarer, der Nießbraucher mittelbarer Besitzer (§ 868). Er hat dann Besitzesschutz, namentlich auch die Ansprüche wegen verbotener Eigenmacht (§§ 861, 862) und die Klage aus dem früheren Besitz (§ 1007). Er erwirbt die Früchte, deren Bezug ihm der Nießbraucher gestattet hat, falls er im Besitze der Nießbrauchsache ist, mit der Trennung, sonst mit der Besitzergreifung. Auch kann, so lange der ihm überlassene Besitz der Sache fortdauert, der Nießbraucher die erteilte Erlaubnis zum Fruchterwerbe nicht widerrufen, wenn er zu dieser Gestattung verpflichtet war (§ 956). Dem Eigentümer gegenüber wirkt Verschulden dieses Dritten wie eine Verfehlung des Nießbrauchers selbst, so daß ihm auch gegen diesen die oben erwähnten Rechte zustehen.

V. An der gleichen Sache können Mehrere ein Nießbrauchsrecht haben. Es ist dies in verschiedener Weise möglich. Das gleiche Nießbrauchsrecht kann mehreren zusammen zustehen, wie z. B. wenn der Nießbrauch mehreren zusammen durch den Erblasser vermacht und durch den Erben bestellt worden ist. In diesem Falle besteht unter den Mitberechtigten eine Gemeinschaft (§ 741), für welche die Vorschriften der §§ 742—758 maßgebend sind. Es können aber auch getrennte Nießbrauchsrechte an der gleichen Sache vorkommen: so kann der Eigentümer, wenn die Sache in seinen Besitz zurückgelangt war, an ihr einem gutgläubigen Erwerber einen weiteren Nießbrauch

[1] Zwangvollstreckung nach CPO. § 890.

[2] § 3 J. de usufr. (2,4).

[3] Protokolle Band III, S. 407 ff.

bestellen (vgl. § 1032) oder es kann an einer Nießbrauchsache ein Nießbrauch ersessen werden (§ 1033). Hier entscheidet der Rang und zwar geht nicht wie bei Grundstücken das ältere dem jüngeren Rechte (§§ 879, 880), sondern gerade umgekehrt das später entstandene Recht dem früheren vor. Ist der Rang gleich, wie z. B. wenn der Eigentümer mehreren getrennt, jedem an einem Bruchteil den Nießbrauch bestellt hat, was allerdings zumal bei Fahrnissen kaum vorkommen wird, so kann nötigenfalls jeder Berechtigte eine dem Interesse aller entsprechende angemessene Regelung der Ausübung verlangen (§§ 1060, 1024). Das Gleiche gilt, wenn der Nießbrauch mit dem Nutzungsrechte des Eigentümers zusammentrifft.

Auch an einem Miteigentumsanteile kann der Nießbrauch bestehen. Hier übt der Nießbraucher die Gemeinschaftsrechte des Miteigentümers aus, so weit sie sich auf Benützung und Verwaltung der Sache beziehen; die Aufhebung der Gemeinschaft kann nur durch den Miteigentümer und Nießbraucher zusammen gefordert werden. Nach der Auseinandersetzung hat der Nießbraucher ein Forderungsrecht auf Bestellung des Nießbrauchs an den Gegenständen, die an die Stelle des Gemeinschaftsanteils getreten sind (§ 1066).

VI. Beendigt wird der Nießbrauch insbesondere[1]):

1. Durch Tod des Nießbrauchers, bei dem Nießbrauche, der einer juristischen Person zusteht, Erlöschen dieser juristischen Person (§ 1061). Die gemeinrechtliche Regel, wonach der Nießbrauch einer juristischen Person nach hundert Jahren erlischt,[2]) ist nicht aufgenommen,[3]) gilt aber für solche Nießbrauchsrechte, wenn sie beim Inkrafttreten des Gesetzbuchs bereits bestanden haben (E.G. Art 184):

2. Durch Verzicht des Nießbrauchers; es genügt die einseitige formlose empfangsbedürftige Erklärung des Nießbrauchers gegenüber dem Eigentümer oder dem Besteller (§ 1064). Mit der Aufhebung des Nießbrauchs an einem Grundstück wird im Zweifel auch der Nießbrauch am Zubehör aufgehoben (§ 1062).

3. Durch Vereinigung, d. h. dadurch, daß Eigentum und Nießbrauch in der gleichen Person zusammentreffen, z. B. der Nießbraucher den Eigentümer beerbt oder sonstwie das Eigentum an der Nießbrauch-

[1]) Sonstige Beendigungsgründe sind z. B.: Untergang der Nießbrauchsache (vgl. übrigens § 1046); Erlöschen infolge von Verbindung (§ 949), Verarbeitung (§ 950).

[2]) l. 56 de usufr. (7,1).

[3]) Anders nach E. I § 1014.

sache erwirbt;[1]) jedoch wird sein Fortbestehen fingiert, wenn daran der Eigentümer ein rechtliches Interesse hat (§ 1063), weil z. B. an der Sache ein dem erloschenen Nießbrauche nachstehendes Nießbrauchsrecht oder Pfandrecht besteht.

4. Dadurch, daß ein Dritter das Eigentum an der Nießbrauchsache erwirbt, der in Ansehung des Nießbrauchs in gutem Glauben ist (§ 936).

5. Durch rechtmäßige Veräußerung der Sache im Pfandverkauf, wenn nicht der Nießbrauch allen an ihr bestehenden Pfandrechten vorgeht (§ 1242 Abs. 2).

Nach Beendigung des Nießbrauchs hat der Nießbraucher dem Eigentümer die Sache zurückzugeben (§ 1055 Abs. 1). Eine Einrichtung, mit der er die Sache versehen hatte, darf er wegnehmen, muß aber dann die Sache auf seine Kosten wieder in den früheren Zustand versetzen lassen (§§ 1049 Abs. 2, 258). Hatte er Verwendungen auf die Sache gemacht, zu denen er nicht verpflichtet war (§ 1041), so kann er dafür nach den Vorschriften über die Geschäftsführung ohne Auftrag Ersatz verlangen (§ 1049). Danach kann er den Ersatz seiner Aufwendungen beanspruchen, wenn der Eigentümer sie genehmigt, oder wenn sie im Interesse des Eigentümers und nach seinem wirklichen oder mutmaßlichen Willen gemacht worden sind oder wenn durch sie einer dem Eigentümer im öffentlichen Interesse auferlegten Verpflichtung entsprochen worden ist (§§ 684, 683, 679). Da dem Nießbraucher die Früchte verbleiben, erhält er für die aufgewendeten Gelder keine Zinsen (§ 256). Von Verbindlichkeiten, die er zum Zwecke der ihm zu ersetzenden Aufwendungen eingegangen war, kann er verlangen durch den Eigentümer befreit zu werden (§ 257).

Liegt keiner der angeführten Fälle vor, in denen nach den Bestimmungen über die Geschäftsführung Ersatz zu leisten ist, so hat der Nießbraucher nur einen Anspruch auf Herausgabe der Bereicherung, die auf seine Kosten dem Eigentümer zufallen würde (§ 684, vgl. §§ 812 ff.). Keinerlei Ersatzanspruch endlich steht dem Nießbraucher zu, wenn er bei seinen Aufwendungen gar nicht die Absicht gehabt hat, sie sich ersetzen zu lassen (§ 685 Abs. 1).

So weit der Nießbraucher einen Ersatzanspruch hat, kann er ihn auch durch Zurückbehaltung der Nießbrauchsache geltend machen,

---

[1]) Wegen des Nießbrauchs an einem Grundstücke vgl. § 889.

wenn nicht der Gläubiger Sicherheit leistet, die übrigens nicht durch Bürgen bestellt werden kann (§ 213). Im Konkurse des Eigentümers hat er für seine Verwendungsforderung ein Absonderungsrecht bis zur Höhe des noch vorhandenen Vorteils (K.O. § 49 Ziff. 3).

VII. Wesentlich verschieden von dem gewöhnlichen Nießbrauch ist der Nießbrauch an verbrauchbaren Sachen (vgl. § 92). Bei ihm erhält der Nießbraucher nicht ein dingliches Recht an einer fremden mit seinem Rechte belasteten Sache, während das Eigentum dem bisherigen Eigentümer verbleibt, sondern er wird mit der Bestellung Eigentümer der ihm zum Nießbrauche übergebenen Sachen; dem Besteller steht nur ein Forderungsrecht zu. Die besonderen Vorschriften über das Gebrauchs- und Fruchtziehungsrecht des Nießbrauchers und über seine Verpflichtungen während der Dauer seines Rechts sind unanwendbar. Eine Beendigung des Nießbrauchs durch Untergang der Sache, gutgläubigen Eigentumserwerb eines Dritten, rechtmäßigen Pfandverkauf ist ausgeschlossen. Dagegen erlischt der Nießbrauch durch den Tod des Nießbrauchers oder das Ende der juristischen Person, der er zugestanden hatte und durch einseitigen Verzicht des Nießbrauchers. Zurückzugeben sind nicht die zum Nießbrauch übergebenen Sachen, selbst dann nicht, wenn sie noch beim Nießbraucher vorhanden sind: weder kann sich dieser durch die Zurückgabe befreien, noch kann der Besteller die Herausgabe mit einem dinglichen oder obligatorischen Anspruch fordern. Es hat vielmehr der Nießbraucher dem Besteller stets nur lediglich den Wert zu ersetzen, den die Sachen bei der Bestellung des Nießbrauchs gehabt haben. Die Feststellung dieses Werts kann der Nießbraucher oder der Eigentümer auf seine Kosten durch einen vom Gerichte zu ernennenden Sachverständigen bewirken lassen.

Bei Gefährdung seines Anspruchs auf den Werterſatz kann der Besteller Sicherheitsleistung verlangen (§ 1067).

V. Pfandrecht an beweglichen Sachen.

1. Vertragspfand.

§ 19.

a) Entstehung und Umfang des Pfandrechts.

I. Pfandrechte an beweglichen Sachen können entstehen durch rechtsgeschäftliche Bestellung, durch Pfändung, namentlich im Zwangsvollstreckungs- und Arrestverfahren, kraft Gesetzes aus sonstigen Thatbeständen. Von diesen verschiedenen Arten ist das durch Rechtsgeschäft begründete Pfandrecht im bürgerlichen Gesetzbuche eingehend geregelt (§§ 1204—1256, 1258). Auf die gesetzlichen Pfandrechte finden diese Vorschriften über das Vertragspfand entsprechende Anwendung (§ 1257). Besondere Bestimmungen sind für das Schiffspfandrecht aufgestellt (§§ 1259—1272). Die Regelung des Pfändungspfandrechts ist anderen Gesetzen, vor allem der Civilprozeßordnung überlassen (C.P.O. §§ 803—806, 808—827, 930; K.O. § 49 Ziff. 2; vgl. Str.Pr.O. § 325; Str.G.B. § 140. Dazu Str.Pr.O. § 480). Die Privatpfändung im Wege der Selbsthilfe ist der Landesgesetzgebung vorbehalten (E.G. Art. 89).[1])

II. Das Vertragspfandrecht ist das einem Gläubiger zu seiner Sicherung bestellte dingliche Recht an einer fremden beweglichen Sache, kraft dessen der Gläubiger berechtigt ist, seine Befriedigung aus dieser Pfandsache zu suchen (§ 1204 Abs. 1). — Das Pfandrecht kann durch den persönlichen Schuldner oder durch einen Dritten bestellt werden.

1. Gegenstand des Pfandrechts können bewegliche Sachen jeder Art sein, auch solche, die der Pfändung im Vollstreckungswege entzogen sind (C.P.O. § 811, vgl. B.G.B. § 559). An künftigen Sachen kann ein Pfandrecht nicht bestellt, sondern es kann nur eine auf die künftige Bestellung gerichtete obligatorische Verpflichtung übernommen werden.

2. Das Faustpfandrecht ist anders als grundsätzlich die Grundschuld (vgl. § 1191) und anders als möglicherweise die gewöhnliche Hypothek (vgl. § 1163) ein accessorisches Recht; es setzt wie das Forderungsrecht aus der Bürgschaft eine Forderung des Pfandgläubigers voraus, zu deren Sicherung es dient. Die Forderung muß entweder eine Geldforderung sein oder doch in eine solche z. B. wegen verschuldeter Unmöglichkeit der Leistung übergehen können (§§ 1228 Abs. 2, 280, 283, 286, 325, C.P.O. § 893). Diese accessorische Natur des Pfandrechts zeigt sich bei seiner Bestellung, seiner Übertragung, seinem Erlöschen.

a) Die Verpfändung ist nichtig, wenn die durch sie zu sichernde Forderung nicht zu Recht besteht (vgl. z. B. §§ 134, 138). Dagegen ist eine Verpfändung ebenso wie eine Verbürgung nicht nur für

---

[1]) Pr. Lr. I, 22, §§ 180—185; Sächs. GB. §§ 488—494.

eine bedingte, sondern auch für eine zukünftige Forderung möglich (§§ 1204 Abs. 2, 765 Abs. 2). So kann z. B. eine Sache verpfändet werden für ein etwa künftig zu gewährendes Darlehen, selbst wenn noch keinerlei bindende Vereinbarung über Geben oder Nehmen des Darlehens erfolgt ist.[1]) In einem solchen Falle ist die Entstehung des vollwirksamen Pfandrechts bedingt durch die Entstehung der Forderung, aber für den Rang dieses Pfandrechts ist die Zeit der Bestellung maßgebend (§ 1209). Es entspricht diese Bestimmung der Vorschrift des § 161 Abs. 1, wonach, wenn jemand unter einer aufschiebenden Bedingung über einen Gegenstand verfügt, jede weitere Verfügung, die er während der Schwebezeit über den Gegenstand trifft, im Falle des Eintritts der Bedingung insoweit unwirksam ist, als sie die von der Bedingung abhängige Wirkung vereiteln oder beeinträchtigen würde,[2]) allerdings vorbehaltlich der Vorschriften über den Schutz eines redlichen Erwerbers.

b) Das Pfandrecht kann nicht für sich allein getrennt von der Pfandforderung übertragen werden (§ 1250 Abs. 1; vgl. unten § 20, IV, S. 118).

c) Endlich erlischt das Pfandrecht mit dem Erlöschen der Pfandforderung (§ 21, 1, S. 119).

Von den beiden Arten des gemeinrechtlichen Pfandrechts hat das bürgerliche Gesetzbuch mit Recht die Hypothek beseitigt[3]) und nur das Faustpfand aufgenommen. Auch das von mehreren Seiten empfohlene Registerpfandrecht[4]) ist von der zweiten Kommission abgelehnt worden;[5]) nur bei Schiffen findet es Anwendung (§ 1260).

III. Die Bestellung des Pfandrechts erfordert:

1. Abschluß des Verpfändungsvertrags zwischen dem Eigentümer

[1]) Nicht ganz so weit geht l. 11 pr. qui potior. in pign. (20,4): Potior est in pignore qui prius credidit pecuniam et accepit hypothecam, quamvis cum alio ante convenerat, ut, si ab eo pecuniam acceperit, sit res obligata, licet ab hoc postea accepit: poterat enim, licet ante convenit, non accipere ab eo pecuniam.

[2]) Vgl. auch l. 9 pr. qui potior. in pign. (20,4): licet enim eo tempore homo pignori datus esset, quo nondum quicquam pro conductione deberetur, quoniam tamen iam tunc in ea causa Eros esse coepisset, ut invito locatore ius pignoris solvi in eo non posset, potiorem eius causam habendam.

[3]) So für den Konkurs schon EG. zur Konkurs-Ordnung vom 10. Febr. 1877, Art. 14 Abs. 1.

[4]) Zusammenstellung gutachtl. Äußerungen Band III, S. 376 ff.

[5]) Protokolle, Band III, S. 440.

und dem Gläubiger (§ 1205 Abs. 1). Ist der Verpfänder nicht der Eigentümer der Pfandsache, so erwirbt der Pfandnehmer das Pfandrecht nach Maßgabe der Vorschriften über den Eigentumserwerb auf Grund guten Glaubens (§§ 1207, 932, 934, 935, vgl. auch H.G.B. § 366 Abs. 1).

2. Einräumuug des Pfandbesitzes an den Pfandgläubiger.

a) Ist der Gläubiger bereits z. B. als Mieter, Verwahrer oder als Finder im Besitze der Pfandsache, so entsteht das Pfandrecht mit dem Abschlusse des Verpfändungsvertrags (§ 1205 Abs. 1). Das Gleiche wird anzunehmen sein, wenn er die Sache bisher nur als Besitzdiener innegehabt hat (§ 855). Hier erlangt er durch die Verpfändung statt der bisherigen bloßen Inhabung mittels brevi manu traditio den Besitz (§ 854 Abs. 2) und zugleich das Pfandrecht. Als Pfandgläubiger ist er zum Besitze berechtigt (§ 868); das bisherige Besitzdienerverhältnis ist erloschen, so daß er auch nicht mehr den Weisungen des früheren Besitzherrn zu folgen hat.

b) Liegt keiner dieser Fälle vor, so kann das Pfandrecht vor allem dadurch bestellt werden, daß zu dem Verpfändungsvertrage die Übergabe der Sache selbst an den Pfandgläubiger zum unmittelbaren Besitze hinzukommt (§ 1205 Abs. 1), so daß dem Verpfänder bloß der mittelbare Besitz verbleibt (§ 868).

Statt der Übergabe zum alleinigen unmittelbaren Besitze genügt auch die Einräumung des Mitbesitzes, wenn noch ein Mitverschluß des Pfandgläubigers hinzukommt, so daß ohne seine Mitwirkung die Sache nicht zugänglich ist. So kann ein Warenlager in der Art verpfändet werden, daß dem Gläubiger ein besonderer Schlüssel übergeben wird, ohne den sich der Aufbewahrungsraum nicht öffnen läßt.[1])

c) Hat der Verpfänder nur den mittelbaren Besitz der Pfandsache, so braucht er sie sich nicht zurückgeben zu lassen, um sie dann dem Pfandgläubiger zu übergeben. Vielmehr kann diese Übergabe „dadurch ersetzt werden, daß der Eigentümer den mittelbaren Besitz auf den Pfandgläubiger überträgt und die Verpfändung dem Besitzer anzeigt" (§ 1205 Abs. 2). Übertragen wird hier der Besitz durch Abtretung des Anspruchs auf Herausgabe (§ 870). Trotz dieser

[1]) Dagegen würde die Überlassung eines Schlüssels nicht genügen, wenn der Verpfänder einen ebensolchen Schlüssel zurückbehält, so daß er für sich allein öffnen kann (vgl. den Fall in Seufferts Archiv, Band 50, Nr. 8.)

Übertragung des Besitzes hört hier der Eigentümer nicht auf Besitzer zu sein; nur wird zwischen ihn und den unmittelbaren Besitzer der Pfandgläubiger als mittelbarer Besitzer eingeschoben. Der unmittelbare Besitzer, z. B. der Mieter der Pfandsache ist jetzt Besitzmittler für den Pfandgläubiger, der Pfandgläubiger ist Besitzmittler für den Eigentümer (§ 868).

Übrigens ist, wenn der Verpfänder mittelbarer Besitzer ist, auch noch eine andere Art der Pfandbestellung möglich. Es genügt statt der Überlassung des bisherigen mittelbaren Besitzers auch die Einräumung des mittelbaren Mitbesitzers in der Weise, „daß die Herausgabe nur an den Eigentümer und den Gläubiger gemeinschaftlich geschehen kann" (§ 1206). Hier wird nicht durch einen Abtretungsvertrag zwischen dem Eigentümer und dem Pfandgläubiger diesem der Anspruch auf Herausgabe übertragen (§ 398), sondern es wird durch einen Vertrag zwischen dem Eigentümer und dem unmittelbaren Besitzer bestimmt, daß die Herausgabe nicht an den Eigentümer allein, sondern an ihn und den Pfandgläubiger zu geschehen habe.

Durch bloßes Besitzkonstitut nach Maßgabe des § 930, wonach dem Eigentümer der unmittelbare Besitz verbleiben, dem Pfandgläubiger nur der mittelbare Besitz zufallen würde, kann ein Pfandrecht nicht bestellt werden.[1]) Dagegen erscheint entgegen der Auffassung der Motive[2]) seine Übertragung des Eigentums unter Vorbehalt des Pfandrechts als zulässig.[3]) Hier wird das Eigentum durch constitutum possessorium übertragen (§ 930) und das Pfandrecht durch den bloßen Verpfändungsvertrag bestellt, da sich der Gläubiger im Besitze der Sache befindet (§ 1205 Abs. 1). Die Rechtsverhältnisse liegen so, wie wenn zuerst der Veräußerer die Sache dem Erwerber zu Eigentum übergeben und sie dann von ihm als Pfand zurückerhalten hätte.[4])

---

1) Vgl. Motive, Band III, S. 801 ff.; Protokolle, Band III, S. 448 ff.

2) Motive, Band III, S. 801; ebenso Biermanns Kommentar zu § 1205 Anm. 1, C.

3) Vgl. Windscheid-Kipp, Band I, § 280, Anm. I, 1, C.

4) S. über das vorbehaltene Pfandrecht: l. 1 § 4 l. 2 de reb. eor. (27,9); Dernburg, Pfandrecht, Band I, § 32; vgl. auch die Entscheidung des Celsus über den Fall, wo der Schuldner des Ehemanns auf dessen Anweisung an die Ehefrau zahlt in l. 8 § 12 de don. int. vir. et ux. (24, 1): eum rei gestae ordinem futurum, ut pecunia ad te a debitore tuo, deinde a te ad mulierem perveniat: nam celeritate coniungendarum inter se actionum unam actionem occultari, ceterum debitorem creditori dare, creditorem uxori.

IV. Bei mehreren Pfandrechten an der gleichen Sache richtet sich der Rang regelmäßig nach der Zeit der Bestellung; das ältere Pfandrecht geht dem jüngeren vor (§ 1209). Sind die mehreren Pfandrechte gleichzeitig, so können die Gläubiger im Verhältnisse ihrer Forderungen anteilmäßig ihre Befriedigung aus dem Pfande suchen. Die vorangestellte Regel leidet eine wichtige Ausnahme, wenn der spätere Pfandnehmer beim Erwerbe seines Pfandrechts in Ansehung des bestehenden Pfandrechts in gutem Glauben gewesen ist: hier geht sein Pfandrecht, obschon es das jüngere ist, den bereits bestehenden Pfandrechten, wie auch den Nießbrauchsrechten an der Sache vor. Dieser Schutz des redlichen Erwerbs tritt jedoch nicht ein:

1. wenn die Pfandsache dem Pfandgläubiger oder seinem Besitzmittler abhanden gekommen war, mit Ausnahme von Geld oder Inhaberpapieren (§ 935);

2. wenn die Sache dem späteren Pfandnehmer mittels traditio brevi manu verpfändet worden ist, und er seinen Besitz nicht vom Verpfänder erlangt hatte (§ 932 Abs. 1 Satz 2);

3. wenn ihm die Sache durch Abtretung des Anspruchs auf Herausgabe gegen einen Besitzmittler, der selbst Pfandgläubiger ist, verpfändet worden ist (§§ 1208, 1205 Abs. 2, 936 Abs. 3).

V. Das Pfand haftet für die Pfandforderung in ihrem jeweiligen Bestande, auch für Zinsen und Vertragsstrafen; ferner für die Ansprüche des Pfandgläubigers auf Ersatz seiner Verwendungen, für die Kosten der Kündigung und Rechtsverfolgung, soweit sie dem Pfandgläubiger zu ersetzen sind und für die Kosten des Pfandverkaufs. Durch Rechtsgeschäfte des Schuldners nach der Verpfändung wird die Pfandhaftung nicht erweitert, wenn er nicht Eigentümer der Pfandsache ist (§ 1210).

1. Bei der Verpfändung für eine fremde Schuld stehen dem Verpfänder die Einreden des persönlichen Schuldners gegen die Forderung zu; sie können ihm nicht dadurch entzogen werden, daß der Schuldner auf die Einrede verzichtet. Außerdem kann er wie ein Bürge die Leistung verweigern, so lange der Schuldner zur Anfechtung berechtigt ist, oder der Gläubiger sich durch Aufrechnung befriedigen kann. Nach dem Tode des Schuldners kann sich der Verpfänder auf eine Beschränkung der Haftung des Erben nicht berufen (§§ 1211, 770).

Diese „Einreden" sind dem Verpfänder für eine fremde Schuld mit Rücksicht auf seine Stellung als Intercedent und die accessorische

Natur des Pfandrechts verliehen worden, wobei großenteils das Vorbild des Bürgen maßgebend war.[1]) Es besteht aber zwischen der Lage eines solchen Verpfänders und eines Bürgen ein wesentlicher Unterschied. Seine Befriedigung gegen den Bürgen betreibt der Gläubiger durch Klage gegen ihn, der dann der Bürge seine Einreden entgegenhalten kann. Seine Befriedigung aus dem Pfande betreibt der Gläubiger, wenn er, was weitaus die Regel bildet, den alleinigen Besitz der Pfandsache hat, durch Pfandverkauf, bei dem es nicht erst der Klage bedarf. Die Geltendmachung der dem Verpfänder gewährten Schutzmittel durch Einrede kommt demnach hauptsächlich nur dann in Betracht, wenn der Pfandgläubiger nicht im Alleinbesitze ist, und nach Eintritt der Verkaufsberechtigung die Herausgabe des Pfands zum Zwecke des Pfandverkaufs fordert (§ 1231, vgl. § 1206).

2. Das Pfandrecht erstreckt sich auf die von der Pfandsache getrennten Erzeugnisse (§ 1212). Auch kann vereinbart werden, daß der Pfandgläubiger zum Bezuge der Nutzungen des Pfands berechtigt sein soll; bei der Übergabe einer von Natur fruchttragenden Sache zum Alleinbesitze wird die Einräumung eines Rechts auf den Bezug der Früchte auch ohne besondere Abrede im Zweifel angenommen (§ 1213). Daher darf z. B. der Pfandgläubiger die ihm verpfändete Kuh im Zweifel melken und die Milch behalten, aber nur bei besonderer Gestattung die Kuh einspannen. Soweit der Pfandgläubiger zum Bezug von Nutzungen oder Früchten berechtigt ist, hat er auch für deren Gewinnung zu sorgen und Rechenschaft abzulegen. Der Reinertrag wird zunächst auf die etwaigen Kosten und Zinsen, dann auf das Kapital angerechnet; es kann aber etwas anderes vereinbart, z. B. ausgemacht werden, daß Nutzungen und Zinsen gegen einander aufzuheben seien (§ 1214, vgl. § 138).

3. Für die gleiche Forderung können mehrere Sachen verpfändet sein. Hier haftet jede Sache für die ganze Pfandforderung und es steht daher dem Gläubiger frei, das zu verkaufende Pfand auszuwählen (§§ 1222, 1230).

§ 20.

b) Rechte des Pfandgläubigers.

I. Der Pfandgläubiger hat Recht auf den Besitz (§ 868), der

[1]) Vgl. Motive zu §§ 1149, 1160, Band III, S. 804, 811 ff.; Protokolle, Band III, S. 461.

je nach der Art der Bestellung unmittelbarer oder mittelbarer Besitz (§ 1205), und in beiden Fällen Alleinbesitz oder Mitbesitz sein kann (§ 1206).

II. Weiter giebt das Pfandrecht, kraft dessen der Pfandgläubiger berechtigt ist, seine Befriedigung aus dem Pfande zu suchen (§ 1204), ihm die Befugnis zum Pfandverkauf (§ 1228 Abs. 1). Die lex commissoria ist wie nach gemeinem Rechte[1]) nichtig: es kann, so lange dem Pfandgläubiger nicht eine mindestens zum Teile fällige Geldforderung zusteht, nicht vereinbart werden, daß bei nicht rechtzeitiger Befriedigung ihm das Eigentum an der Sache oder ein Forderungsrecht auf Übereignung zufallen soll (§ 1229). Eine nachträgliche Vereinbarung fällt nicht unter dieses Verbot.

1. Zum Pfandverkaufe ist der Gläubiger erst berechtigt, wenn seine Forderung wenigstens zum Teile fällig geworden und nicht befriedigt ist; war sie nicht von vorneherein auf Geld gerichtet, so muß sie in eine Geldforderung übergegangen sein (§ 1228). Nicht erforderlich ist, daß der Schuldner im Verzuge ist, oder daß der Gläubiger einen Vollstreckungstitel oder eine gerichtliche Ermächtigung zum Pfandverkaufe erlangt hat.[2])

Um dem zum Pfandverkaufe berechtigten Gläubiger diesen Verkauf zu ermöglichen, ist ihm das Recht eingeräumt, die Herausgabe des Pfandes zu verlangen, wenn er es nicht im Alleinbesitze hat (vgl. § 1206). Jedoch kann der Verpfänder, gegen den dieser Anspruch erhoben wird, verlangen, das Pfand, statt es herauszugeben, an einen gemeinschaftlichen Verwahrer abliefern zu dürfen, der sich verpflichten muß, es zum Verkaufe bereit zu stellen (§ 1231). Ein nachstehender Pfandgläubiger hat gegen den ihm vorgehenden kein Recht auf Auslieferung des Pfands zum Zwecke des Pfandverkaufs; ist er aber selber im Besitze, so kann der vorgehende Gläubiger dem Verkauf nicht widersprechen, wenn er ihn nicht selbst bewirken will (§§ 1232, 1249). Bei Pfandrechten von gleichem Range kann jeder Gläubiger nach den Vorschriften über die Gemeinschaft den Pfandverkauf betreiben (vgl. § 744 Abs. 2).

2. Die Verwertung des Pfands zum Zwecke der Befriedigung des Pfandgläubigers geschieht:

a) regelmäßig durch Pfandverkauf nach den näheren Bestimmungen

---

[1]) c. 3 C. de pact. pign. (8, 34): Pr. Lr. I, 20, § 33; Code civil, Art. 2078; Sächs. G.B. § 383.

[2]) Anders Code civil, Art. 2078; A.H.G.B. Art. 310, 341.

in §§ 1234—1240. Eine abweichende Art des Pfandverkaufs kann zwischen dem Pfandgläubiger und dem Eigentümer vereinbart werden, wobei, wenn durch die Veräußerung das Recht eines Dritten an der Pfandsache erlischt, dessen Zustimmung erforderlich ist (§§ 1245, 1242 Abs. 2). Auch kann sie jeder der Beteiligten verlangen, wenn sie nach billigem Ermessen den Interessen der Beteiligten entspricht (§ 1246); dabei hat, wenn eine Einigung nicht erreicht wird, das Amtsgericht des Aufbewahrungsorts über die Art des Verkaufs zu entscheiden (R.G. über d. freiw. Gerichtsbarkeit § 166).

b) wenn der Pfandgläubiger für sein Recht zum Verkaufe einen Vollstreckungstitel[1]) gegen den Eigentümer erlangt hat, auch nach den Vorschriften über den Verkauf gepfändeter Sachen (§ 1233 Abs. 2, C.P.O. §§ 794, 814 ff.).[2])

3. Die einzelnen Vorschriften über den Pfandverkauf haben eine verschiedene rechtliche Tragweite. Zum Teil hängt von ihrer Befolgung die Rechtmäßigkeit der Veräußerung des Pfands und damit der Eintritt der dinglichen Rechtsfolgen ab, zum Teile wird durch ihre schuldhafte Verletzung nur eine Verpflichtung zum Schadensersatze begründet (§ 1243).

a) Die Voraussetzungen der rechtmäßigen Veräußerung des Pfands sind:

α) Der Pfandgläubiger muß die Berechtigung zum Verkaufe des Pfands erlangt haben (§ 1228 Abs. 2).

β) Er darf von mehreren Pfändern nur so viele verkaufen lassen, als zu seiner Befriedigung nötig ist (§ 1230 Satz 2).

γ) Das Pfand ist öffentlich durch einen zuständigen Gerichtsvollzieher oder einen andern dazu befugten Beamten oder einen öffentlich angestellten Versteigerer zu versteigern (§§ 1235 Abs. 1, 383 Abs. 3). Ort und Zeit der Versteigerung sind öffentlich bekannt zu machen (§ 1237). Bei der Versteigerung dürfen Gold- und Silbersachen nicht unter dem Metallwerte zugeschlagen werden (§ 1240

---

[1]) Der Vollstreckungstitel lautet, wenn der Pfandeigentümer zugleich der persönliche Schuldner ist, auf Zahlung der Pfandforderung, andernfalls auf Duldung der Zwangsvollstreckung in das Pfand. Der Schuldner kann, wenn der Gläubiger durch ein Pfand- oder Zurückbehaltungsrecht an einer beweglichen Sache des Schuldners wegen seiner Forderung gedeckt ist, der Vollstreckung in das sonstige Vermögen widersprechen (C.P.O. § 777).

[2]) Über die Verwertung der Pfandsache im Konkurse des Eigentümers vgl. Konkursordnung §§ 127, 48.

Abs. 1); wird bei der Versteigerung ein genügendes Gebot nicht abgegeben, so dürfen sie durch die bezeichneten Personen aus freier Hand verkauft werden, aber nur zu einem Preise, der mindestens den Metallwert deckt (§ 1240 Abs. 2). Pfänder mit einem Börsen- oder Marktpreis dürfen durch die genannten Personen oder einen zu solchen Verkäufen öffentlich ermächtigten Handelsmäkler zum laufenden Preise freihändig verkauft werden (§§ 1235, Abs. 2, 1221).[1])

b) Zufolge Ordnungsvorschrift soll der Verkauf dem Eigentümer unter Angabe des beizutreibenden Geldbetrags zuvor angedroht, Ort und Zeit der bevorstehenden Versteigerung sollen dem Eigentümer und den sonst am Pfande dinglich Berechtigten mitgeteilt, und es soll der Eigentümer auch unverzüglich von dem vollzogenen Pfandverkaufe und dessen Ergebnis benachrichtigt werden. Androhung und Mitteilung dürfen unterbleiben, wenn sie unthunlich sind, z. B. weil der Aufenthalt des Eigentümers nicht ermittelt werden kann (§§ 1234 Abs. 1, 1237 Satz 2, 1241). Der Verkauf soll nicht früher als einen Monat nach der Androhung oder, wenn diese unthunlich ist, nach dem Eintritte der Verkaufsberechtigung stattfinden (§ 1234 Abs. 2). Das Pfand soll am Aufbewahrungsorte verkauft werden; ist hier ein angemessenes Ergebnis nicht zu erzielen, so ist der Verkauf an einem andern geeigneten Orte zulässig (§ 1236). Als Verkaufsbedingung ist sofortige Baarzahlung des Kaufpreises aufzustellen unter Androhung des Verlustes der Rechte aus dem Kaufe für den Fall, daß sie nicht geleistet wird (§ 1238 Abs. 1).

4. Bei der Versteigerung dürfen nicht nur Dritte, sondern auch die Betheiligten bieten, so der Pfandgläubiger,[2]) der Eigentümer des Pfands,[3]) der persönliche Schuldner, wenn das Pfand für eine fremde Schuld bestellt worden war. Jedoch kann das Gebot des Eigentümers oder des persönlichen Schuldners zurückgewiesen werden, wenn nicht durch bare Hinterlegung der gebotenen Summe Sicherheit geleistet wird (§ 1239).[4]) Verboten ist der Kauf des Pfands dem mit dem Verkaufe Betrauten und seinen Gehilfen; kaufen sie dennoch, so ist gegen die allgemeine Regel des § 134 der Kauf nicht nichtig, aber

---

[1]) Über die Befriedigung auf Grund des kaufmännischen Zurückbehaltungsrechts vgl. H.G.B. § 371.

[2]) Ebenso Pr. Lr. I, 20, §. 42; anders das römische Recht: c. 10 C. de distr. pign. (8,27); Paul. sent. II, 13, § 4.

[3]) Anders l. 89 de C. E. (18, 1); l. 40 pr. § 8 de pign. act. (13, 7).

[4]) Vgl. Biermann, Kommentar zu § 1239, Anm. 2.

die Wirksamkeit des Kaufs wie der Übergabe abhängig von der Zustimmung aller Betheiligten (sämtlicher Pfandgläubiger, des Eigentümers des persönlichen Schuldners, unter Umständen des Nießbrauchers [§§ 456—458; vgl. § 1242]).

5. Verkauft wird das Pfand für Rechnung des betreibenden Pfandgläubigers (vgl. § 457). Ist die Veräußerung rechtmäßig erfolgt, so erlangt der Erwerber das Eigentum im allgemeinen so, wie wenn er die Sache vom Eigentümer selbst erworben hätte (§ 1242 Abs. 1). Außerdem wird die Sache frei von allen Pfandrechten, auch von solchen, die dem Rechte des betreibenden Gläubigers vorgehen, und von denjenigen Nießbrauchsrechten, denen auch nur eines der Pfandrechte im Range vorgeht, selbst wenn diese Belastungen dem Erwerber bekannt gewesen sind (§ 1242 Abs. 2). Nur ein allen Pfandrechten vorgehendes Nießbrauchsrecht wird durch die Veräußerung als Pfand an sich nicht aufgehoben, sondern erlischt nur, wenn seinetwegen der Erwerber in gutem Glauben gewesen ist (§ 936). Diese dinglichen Rechtsfolgen treten, wenn der Pfandgläubiger der Steigerer ist, schon mit dem Zuschlage ein (§ 1242 Abs. 1). Ist der Eigentümer der Ersteigerer, so erlöschen mit dem Zuschlage die auf der Sache ruhenden dinglichen Belastungen in dem erwähnten Umfange.[1])

6. Sehr weit reicht beim Pfanderwerbe der Schutz des guten Glaubens. Damit dieser besondere Schutz eintritt, ist erforderlich, daß die Sache als Pfand veräußert worden ist entweder mittelst öffentlicher Versteigerung, oder in gewissen Fällen mittelst Verkaufs aus freier Hand, oder auch, wenn der Pfandgläubiger gegen den Eigentümer einen zum Verkaufe berechtigenden Vollstreckungstitel erlangt hat, nach den Vorschriften für den Verkauf gepfändeter Sachen (§§ 1244, 1235, 1240 Abs. 2, 1233 Abs. 2). Ist diesen Erfordernissen genügt, so erlangt der gutgläubige Erwerber unter den Voraussetzungen der §§ 932—934 das Eigentum und nach Maßgabe der §§ 1242 Abs. 2, 936 Befreiung von den Lasten der Sache, obgleich der Veräußerer

[1]) Im ersten Entwurfe war dies ausdrücklich hervorgehoben (E. I § 1180 Abs. 3). Von der zweiten Kommission wurde diese Bestimmung gestrichen in der Erwägung, daß die Vorschriften des § 1180 auch dann Platz greifen müßten, wenn dem Eigentümer selbst beim Pfandverkauf der Zuschlag erteilt würde (Protokolle, Band III, S. 480). Jakubezky (Bemerkungen S. 292), auf den in der zweiten Kommission hingewiesen wurde, nimmt auch für den Eigentümer, dem der Zuschlag erteilt wird, einen Eigentumserwerb an: es „wird ihm das Eigentum kraft des Rechtes des Pfandgläubigers entzogen und gleichzeitig aus der Hand des Pfandgläubigers wieder gegeben.“ Zustimmend Biermann, zu § 1242 Anm. 1.

ein Pfandrecht nicht gehabt hat oder die Veräußerung als Pfand nicht rechtmäßig erfolgt ist (§§ 1244, 1228 Abs. 2, 1230 Satz 2, 1237 Satz 1, 1240 Abs. 1). An abhanden gekommenen Sachen erlangt der gutgläubige Erwerber das Eigentum nicht nur wenn sie öffentlich versteigert, sondern auch wenn sie in zulässiger Weise aus freier Hand verkauft worden sind (§§ 1244, 935). Der gute Glaube wird ausgeschlossen durch Kenntnis des Mangels wie durch grob fahrlässige Unkenntnis.

7. Die Vorschriften über den Pfanderlös (§§ 1247, 1238 Abs. 2, 1239 Abs. 1), die nicht immer zu einfachen Ergebnissen führen, verfolgen den Zweck, die Interessen aller Beteiligten, nicht nur des betreibenden Pfandgläubigers, sondern auch des Pfandeigentümers, sonstiger dinglich Berechtigter, des Pfandschuldners zu wahren.

§ 1247 bestimmt:

„Soweit der Erlös aus dem Pfande dem Pfandgläubiger gebührt, gilt die Forderung als von dem Eigentümer berichtigt. Im übrigen tritt der Erlös an die Stelle des Pfandes."

Außerdem gilt der Kaufpreis als vom Pfandgläubiger empfangen, wenn er selber den Zuschlag erhält (§ 1239 Abs. 1); ferner wenn bei der Versteigerung die Rechtsverwirkung für den Fall der nicht sofortigen Barzahlung des Kaufpreises nicht vorbehalten, oder wenn von diesem Vorbehalte nicht bis zum Schlusse des Versteigerungstermins Gebrauch gemacht worden ist (§§ 1239 Abs. 1, 1238 Abs. 2). Die hier aufgestellte Surrogation tritt im allgemeinen mit der Übereignung des Pfands an den Steigerer, bei Zuschlag an den Pfandgläubiger schon mit diesem Zuschlage ein.

Im Einzelnen ist zu unterscheiden:

a) An dem bezahlten Kaufpreise erhält der betreibende Pfandgläubiger Eigentum, soweit ihm der Erlös gebührt, d. h. soweit er seine Befriedigung aus dem Pfande suchen kann. Der Mehrerlös fällt nach dem Surrogationsprinzip in das Eigentum des Pfandeigentümers; bei untrennbarer Vermengung des Geldes, die weitaus die Regel sein wird, entsteht Miteigentum zwischen dem Pfandgläubiger und dem Pfandeigentümer. Entsprechend erlangt ein nachstehender Pfandgläubiger ein Pfandrecht an diesem Mehrerlöse. Wesentlich verschieden sind die Verhältnisse, wenn ein dem Rechte des betreibenden Gläubigers vorgehendes Pfandrecht besteht. Hier führt die Unteilbarkeit des Pfandrechts zu dem Ergebnisse, daß der vorgehende Pfandgläubiger ein Pfandrecht an dem ganzen Erlöse erlangt, wie er in Folge der Veräußerung an die Stelle des Pfands getreten ist. Dabei ist ein auch nur teilweiser Übergang der Gelder in das Eigentum des betreibenden Gläubigers ausgeschlossen; vielmehr fallen sie in das Eigentum des Pfandeigentümers. Die Pfandsache selbst ist durch die Veräußerung pfandfrei geworden; dafür bestehen aber die bisherigen Pfandrechte in der alten Rangordnung an dem Erlöse fort. Der vorgehende Pfandgläubiger hat das Recht mit der Pfandklage die Herausgabe des ganzen Erlöses als Pfandsurrogates zu fordern (§§ 1227, 985), kann aber von dem nachstehenden Pfandgläubiger durch Bezahlung seiner Pfandforderung abgefunden werden, auf den dann die Rechte des abgefundenen übergehen (§§ 1249, 268 Abs. 2, 3).

b) Ist der Kaufpreis nicht bezahlt, gilt er aber trotzdem als vom Gläubiger empfangen (§§ 1238 Abs. 2, 1239 Abs. 1), so treten, soweit nicht der Erlös dem betreibenden Pfandgläubiger gebührt, für die Drittberechtigten (Pfandeigentümer, sonstige Pfandgläubiger, Nießbraucher) an die Stelle der dinglichen Rechte an dem bezahlten Gelde zunächst Forderungsrechte gegen den Pfandgläubiger: er muß sich behandeln lassen, wie wenn er den Erlös bar erhalten hätte.

Daher kann z. B. der Eigentümer die Auszahlung des Mehrerlöses fordern, wie wenn der Kaufpreis an den betreibenden Pfandgläubiger bezahlt worden wäre; ebenso können nachstehende Pfandgläubiger die Auszahlung des Mehrerlöses verlangen. Der vorgehende Pfandgläubiger kann Auszahlung des ganzen Betrags beanspruchen, aber auch in diesem Falle durch Befriedigung seiner Pfandforderung abgefunden werden.

Die Fiktion, daß der Kaufpreis als empfangen gelte, findet keine Anwendung im Verhältnisse zu dem Ersteigerer: ihm gegenüber bleiben dem verkaufenden Pfandgläubiger die Rechte aus dem Pfandverkaufe erhalten (§ 1238 Abs. 2).

c) Soweit der dem Gläubiger gebührende Erlös aus dem Pfande reicht, ist er wegen seiner Pfandforderung befriedigt, mag der Kaufpreis bezahlt sein oder nur als von ihm empfangen gelten. Wenn der Pfandeigentümer zugleich der persönliche Schuldner ist, so wird er von seiner Schuld befreit; ist er es nicht, so geht die Forderung gegen den persönlichen Schuldner auf ihn über. Dabei macht es keinen Unterschied, ob er selbst oder ein Dritter der Ersteigerer ist;

ob der Kaufpreis bar bezahlt ist oder als empfangen zu gelten hat, weil immer, soweit der Pfanderlös dem Gläubiger zu seiner Befriedigung gebührt, die Forderung als von dem Eigentümer berichtigt gilt (§§ 1247, 1225). Wird der Pfandgläubiger durch den Pfanderlös nur teilweise befriedigt, so geht er für den Rest seiner Forderung dem Pfandeigentümer vor (§§ 1225, 774 Abs. 1).

8. Das Schuldverhältnis aus dem Kaufvertrage entsteht zwischen dem Käufer der Pfandsache und dem Pfandgläubiger als Verkäufer. Es unterliegt den gewöhnlichen Vorschriften über den Kaufvertrag (§§ 433 ff.); nur haftet der Pfandgläubiger nicht für Sachmängel, wenn die Sache als Pfand öffentlich versteigert worden ist (§ 461).

III. Als dingliches Recht kann das Pfandrecht auch gegen Dritte geltend gemacht werden.

> § 1227: Wird das Recht des Pfandgläubigers beeinträchtigt, so finden auf die Ansprüche des Pfandgläubigers die für die Ansprüche aus dem Eigentum geltenden Vorschriften entsprechende Anwendung.

Demnach hat der Pfandgläubiger:

1. Bei Vorenthaltung des Pfandes den Anspruch auf Herausgabe (§§ 985 ff.).[1]) Er hat auch Anspruch auf die Erzeugnisse, da sich auf sie das Pfandrecht erstreckt (§ 1212); wegen sonstiger Nutzungen hat er Ansprüche nur, wenn ihm ein Nutzungsrecht eingeräumt ist (§ 1213). Ansprüche auf Schadensersatz kann er geltend machen, soweit seine Pfandforderung reicht (§ 1210) oder auch soweit er selbst dem Verpfänder gegenüber ersatzpflichtig ist.[2])

2. Bei sonstiger Beeinträchtigung seines Pfandrechts kann der Pfandgläubiger die Beseitigung der Störung fordern und bei Gefahr weiterer Beeinträchtigung auf Unterlassung klagen (§ 1004).

3. Auch der Anspruch auf Aufsuchung und Wegschaffung steht dem Pfandgläubiger zu, wenn das Pfand auf ein in fremdem Besitze befindliches Grundstück geraten ist (§§ 1005, 867).

Außerdem hat der Pfandgläubiger als Besitzer Recht auf Besitzschutz (§§ 868, 859 ff.) und die Ansprüche aus früherem Besitz nach § 1007.

IV. Die accessorische Natur des Pfandrechts als eines zum Schutze der Pfandforderung bestimmten Nebenrechts hat zur Folge,

---

[1]) Vgl. wegen der einzelnen Fälle: Windscheid-Kipp, Pandekten, Band I, § 284, Anm. I, 1.

[2]) Windscheid-Kipp, Pandekten, Band I, § 285, Anm. I, 4.

daß es nicht für sich allein übertragen werden kann. Dagegen geht es regelmäßig mit der Forderung zusammen auf den neuen Gläubiger über,[1] der die Pfandforderung, sei es durch Abtretungsvertrag, sei es kraft Gesetzes, erwirbt (§§ 1250 Abs. 1, 1225, 1249, 401, 412). Bei der Abtretung der Forderung kann das Pfandrecht nicht vorbehalten, aber sein Übergang ausgeschlossen werden; ist dies geschehen, so erlischt das Pfandrecht. Ein Übergang des Pfandrechts kraft Gesetzes kommt namentlich vor, wenn das Pfand durch Befriedigung des Gläubigers eingelöst wird (§§ 1225, 1223 Abs. 2, 1249, 268).

Das Pfandrecht geht auf den neuen Gläubiger zugleich mit dem Erwerbe der Forderung, nicht erst mit der Übergabe der Pfandsache über (§ 1250 Abs. 1); er kann daher von dem bisherigen Pfandgläubiger die Herausgabe des Pfandes fordern (§ 1251 Abs. 1).[2]

§ 21.

c) Erlöschen des Pfandrechts.

Die Erlöschungsgründe des Pfandrechts sind:

1. Erlöschen der Pfandforderung (§ 1252) in ihrem ganzen Umfange, z. B. durch Erfüllung (§§ 362 ff.), Aufrechnung (§§ 387 ff.), Erlaßvertrag (§ 397). Bleibt sie auch nur teilweise bestehen, so bleibt wegen der Unteilbarkeit des Pfandrechts für die Restforderung die Pfandsache ganz verhaftet. Die Verjährung der Pfandforderung giebt zwar dem Schuldner die Befugnis, die Erfüllung zu verweigern, hindert aber den Pfandgläubiger nicht, seine Befriedigung aus dem Pfande zu suchen (§§ 222 Abs. 1, 223 Abs. 1).

Von dem Falle, wo die Forderung durch Erfüllung untergeht, und damit zugleich das sie sichernde Pfandrecht vermöge seiner accessorischen Natur erlischt, ist der Fall zu unterscheiden, wo zwar der Pfandgläubiger durch Erfüllung oder in sonstiger Weise abgefunden wird, seine Forderung aber bestehen bleibt, und samt dem Pfandrechte kraft Gesetzes auf denjenigen übergeht, der den Gläubiger befriedigt hat. Das Gesetzbuch gewährt bestimmten Personen ein solches Abfindungsrecht dem Gläubiger gegenüber. Vorausgesetzt wird jedesmal, daß der persönliche Schuldner zur Leistung an den Gläubiger bereits berechtigt ist (§§ 1223, 1240); da dieser aber regelmäßig sofort leisten darf (§ 271), so kann auch regelmäßig das Pfand sofort

---

[1]) Vgl. c. 7. C. de O. et A. (4, 10).

[2]) Vgl. übrigens C.P.O. § 888.

durch die dazu berechtigten Personen eingelöst werden. Dabei kann der Gläubiger außer durch Erfüllung seiner Pfandforderung auch durch Hinterlegung oder Aufrechnung befriedigt werden (§§ 1224, 1249, 372 ff., 387 ff.).

Berechtigt zur Einlösung ist:

a) Der Verpfänder, der das Pfand für eine fremde Schuld gegeben hat. Er kann gegen vollständige Befriedigung des Gläubigers Zug um Zug die Rückgabe des Pfandes verlangen (§ 1223 Abs. 2). Die Forderung und, falls er nicht der Eigentümer der Pfandsache ist, auch das Pfandrecht gehen kraft Gesetzes auf ihn über, soweit er den Gläubiger befriedigt hat (§§ 1225, 1250 Abs. 1). Ist der Verpfänder zugleich der Eigentümer, so geht zwar die persönliche Forderung gegen den Pfandschuldner auf ihn über (§ 1225), aber das Pfandrecht erlischt durch das Zusammentreffen mit dem Eigentum in der gleichen Person (s. jedoch § 1256, vgl. unten Ziff. 3).

Dieser Rechtsübergang auf den Verpfänder darf nicht zum Nachteile des Pfandgläubigers geltend gemacht werden (§§ 1225, 776 Abs. 1). Ein ihm zustehendes Zurückbehaltungsrecht an der Pfandsache bleibt bestehen.[1]) Bei nur teilweiser Befriedigung geht der Pfandgläubiger wegen seiner Restforderung dem Verpfänder vor; sein Pfandrecht und mit ihm das Recht auf den Besitz dauern fort, so daß der Verpfänder die Rückgabe des Pfandes nicht verlangen kann; dies Pfandrecht hat den Vorrang vor demjenigen des Verpfänders.

Die Lage des Pfandschuldners darf durch den Übergang der Forderung auf den neuen Gläubiger nicht verschlechtert werden: er kann ihm die Einwendungen entgegensetzen, die ihm zur Zeit des Rechtsübergangs gegen den Pfandgläubiger zustanden (§§ 404, 412) und ebenso bleiben die Einwendungen aus einem zwischen ihm und dem Verpfänder bestehenden Rechtsverhältnisse unberührt (§§ 1225, 776 Abs. 1).

b) Das Einlösungsrecht haben ferner die dinglich Berechtigten, die durch die Veräußerung des Pfandes ein Recht an dem Pfande verlieren würden (§ 1249). Es gehören dahin der Eigentümer, wenn er nicht der Verpfänder ist, ferner sämtliche übrigen Pfandgläubiger, sowohl die vorgehenden als die nachstehenden, endlich der Nießbraucher, wenn nicht sein Nießbrauchsrecht allen Pfandrechten im Range vorgeht (§ 1242).

---

[1]) Vgl. Protokolle, Band III, S. 462, 465. Ein Antrag, dies ausdrücklich auszusprechen, wurde zurückgezogen.

Die Befriedigung des Pfandgläubigers durch einen dieser dinglich Berechtigten hat die gleichen Rechtsfolgen wie die Einlösung des Pfandes durch den Verpfänder. So weit sie reicht, geht die Forderung und mit ihr das Pfandrecht über, wenn dieses nicht wegen des Zusammentreffens mit dem Eigentum erlischt (vgl. § 1256). Der Rechtsübergang kann nicht zum Nachteile des Pfandgläubigers geltend gemacht werden (§§ 1249, 268 Abs. 2—3, 1250 Abs. 1). Bei vollständiger Abfindung kann die Herausgabe des Pfandes gefordert werden, entweder auf Grund des kraft Gesetzes übergegangenen Pfandrechts (§ 1227), oder wenn dieses wegen des Zusammentreffens mit dem Eigentum erloschen ist, mit dem Eigentumsanspruche (§§ 985 ff.). Der Pfandschuldner kann auch hier gegen den neuen Gläubiger die Einwendungen vorschützen, die ihm gegen den Pfandgläubiger zustanden (§§ 404, 412).[1]

Kein solches Einlösungsrecht ist dem Besitzer des Pfandes als solchem gewährt; jedoch kann auch er sich durch Befriedigung des Gläubigers an dessen Stelle setzen, wenn er Gefahr läuft, durch eine vom Gläubiger betriebene Zwangsvollstreckung in das Pfand den Besitz zu verlieren (§ 268). Außerdem kann er, wenn der Schuldner nicht in Person zu leisten hat, an dessen Stelle die Schuld erfüllen, und dadurch die Aufhebung der Pfandforderung und das Erlöschen des Pfandrechts herbeiführen. Es geht in diesem Falle allerdings die Pfandforderung und das Pfandrecht nicht auf ihn über, aber er braucht die Sache nicht an den Pfandgläubiger herauszugeben, weil dessen Pfandrecht weggefallen ist. Der Pfandgläubiger kann die angebotene Leistung zurückweisen, wenn der Pfandschuldner gegen die Erfüllung durch den Dritten Widerspruch erhebt (§ 267).

2. Untergang der Pfandsache. Das Pfandrecht erstreckt sich nicht wie die Hypothek auf die Forderung aus einer Versicherung (vgl. §§ 1127—1130).[2] Auch eine Ersatzforderung des Eigentümers wird von dem Pfandrechte nicht ergriffen; dagegen kann für den Pfandgläubiger ein selbständiger Ersatzanspruch nach den Vorschriften über unerlaubte Handlungen erwachsen (§§ 823 ff.).

3. Zusammentreffen des Pfandrechts mit dem Eigentume in der

---

[1]) Die Bestimmung wegen der Einwendungen aus einem Rechtsverhältnisse zwischen dem Pfandschuldner und dem Verpfänder (§§ 1225, 776) paßt natürlich nicht auf den gegenwärtigen Fall, da nicht auf den Verpfänder die Forderung übergegangen ist.

[2]) Vgl. Protokolle, Band III, S. 449 ff.

Person des gleichen Berechtigten. Jedoch bleibt das Pfandrecht bestehen, wenn es mit dem Rechte, z. B. dem Pfandrechte eines Dritten belastet ist (§§ 1273 ff.)[1]; ferner wird sein Fortbestand fingiert, wenn dies wie z. B. beim Vorhandensein nachstehender Pfand- oder Nießbrauchsrechte im Interesse des Eigentümers gelegen ist (§ 1256, vgl. § 1063).

4. Durch Verzicht des Pfandgläubigers. Es genügt die einseitige formlose empfangsbedürftige Verzichterklärung des Pfandgläubigers gegenüber dem Verpfänder oder dem Eigentümer. Ist das Pfandrecht mit dem Rechte eines Dritten belastet, so ist auch dessen Zustimmung erforderlich; sie muß demjenigen gegenüber erklärt werden, dem sie zu gute kommen soll und ist unwiderruflich (S. 1255, vgl. §§ 182, 183).

5. Das Pfandrecht erlischt dadurch, daß der Pfandgläubiger die Pfandsache dem Eigentümer oder dem Verpfänder zurückgiebt. Erforderlich ist der Rückgabewille, so daß bei der Rückgabe durch einen Geschäftsunfähigen das Pfandrecht nicht erlischt, dagegen ist nicht nötig ein Verzichtswille des Pfandgläubigers.[2] Das Pfandrecht erlischt daher auch, wenn die Sache nur zu ganz vorübergehendem Gebrauche dem Verpfänder überlassen worden war, und es lebt auch nicht wieder auf, wenn sie durch den Verpfänder wieder an den Pfandgläubiger zurückgegeben wird. Es kann zwar diese erneute Hingabe die abermalige Bestellung eines Pfandrechts enthalten, aber jedenfalls kann der Rang des früheren Pfandrechts nicht wieder hergestellt werden. Ein Vorbehalt des Pfandrechts bei der Rückgabe ist unwirksam (§ 1253 Abs. 1). Die Vorschrift ist aufgestellt, „weil es dem Willen des Gläubigers nicht freigegeben werden kann, einen thatsächlichen Zustand zu schaffen, welcher den Fortbestand des Pfandrechtes verdunkelt."[3] Diese Bestimmung ist als „im Ganzen sehr zweckmäßig" gerühmt worden,[4] kann aber zu großen und unnötigen Härten sowohl gegen den Pfandgläubiger als gegen den Verpfänder führen. Sie beruht auf einer Überschätzung der Bedeutung des

---

[1]) Diese gekünstelte Bestimmung wäre entbehrlich gewesen, wenn man auf die Anerkennung von Rechten an Rechten verzichtet hätte.

[2]) Nach römischem Rechte wird durch Rückgabe des Pfandes das Pfandrecht nur aufgehoben, soweit ein stillschweigender Erlaßvertrag anzunehmen ist: c. 7 C. de remiss. pign. (8,25).

[3]) Motive, Band III, S. 839.

[4]) Cosack, das Sachenrecht im Entwurfe eines B.G.B. S. 78; gegen die strenge Durchführung hat auch Cosack Bedenken.

Pfandbesitzes und wäre bei Zulassung des Registerpfandrechts zu entbehren gewesen.

Vermutet wird die Rückgabe durch den Pfandgläubiger, wenn sich die Pfandsache im Besitze des Verpfänders oder des Eigentümers oder eines Dritten befindet, der nach Entstehung des Pfandrechts den Besitz von dem Eigentümer oder dem Verpfänder erlangt hat (§ 1253 Abs. 2).

Der Verpfänder wie der Eigentümer können die Rückgabe des Pfandes verlangen, wenn die Geltendmachung des Pfandrechts durch eine Einrede dauernd ausgeschlossen ist (§ 1254). Eine Ausnahme tritt ein, wenn die Pfandforderung verjährt ist (§ 223 Abs. 1). Das Pfandrecht erlischt erst mit der Rückgabe der Pfandsache, nicht schon mit der Geltendmachung des Rückgabeanspruchs durch den Verpfänder oder den Eigentümer.

6. Durch die Veräußerung des Pfandes beim Pfandverkaufe erlöschen sämmtliche an der Sache bestehenden Pfandrechte (§ 1242 Abs. 2, vgl. § 1244 f. oben S. 115).

7. Das Pfandrecht erlischt, wenn bei der Übertragung der Forderung sein Übergang auf den neuen Gläubiger ausgeschlossen worden ist (§ 1250 Abs. 2; vgl. oben S. 119).

8. Es erlischt durch Ersitzung der Freiheit (§ 945, vgl. oben S. 73).

9. Das Pfandrecht kann endigen nach Maßgabe der Vorschriften über gutgläubigen Erwerb (§ 936, vgl. oben S. 64), Verbindung und Vermischung (§ 949, oben S. 47), Fruchterwerb (§§ 953, 954; vgl. auch §§ 960, 964).

10. Das Pfandrecht erlischt durch Schuldübernahme, wenn nicht der Pfandeigentümer in die Fortdauer des Pfandrechts einwilligt (§ 418).

§ 22.

d) Schuldverhältnis zwischen Pfandgläubiger und Verpfänder.

1. Durch den Verpfändungsvertrag wird außer dem dinglichen Pfandrechte des Pfandgläubigers auch ein Schuldverhältnis zwischen ihm und dem Verpfänder begründet. Der erste Entwurf ließ statt dessen eine gesetzliche Obligation zwischen dem Pfandgläubiger und dem Eigentümer entstehen (E. I §§ 1156 ff.). Die zweite Kommission hat diese Auffassung abgelehnt und an Stelle der betreffenden Vorschriften

eine genauere Regelung des Schuldverhältnisses zwischen dem Verpfänder und dem Pfandgläubiger gesetzt, die von den Verfassern des ersten Entwurfs für entbehrlich gehalten worden war.[1]) Für das Verhältnis zwischen dem Eigentümer, der nicht der Verpfänder ist, und dem Pfandgläubiger kommen namentlich die Bestimmungen über den Eigentumsanspruch (§§ 985 ff.), über unerlaubte Handlungen (§§ 823 ff.), Geschäftsführung ohne Auftrag (§§ 677 ff.), ungerechtfertigte Bereicherung (§§ 812 ff.) in Betracht.

2. Das Schuldverhältnis zwischen dem Pfandgläubiger und dem Verpfänder untersteht zunächst den Sondervorschriften in §§ 1215 ff., alsdann den allgemeinen Regeln des Obligationenrechts. Die Beteiligten haben einander Vorsatz und Fahrlässigkeit zu vertreten (§ 276).

3. Der Pfandgläubiger ist zur Verwahrung des Pfands verpflichtet. Der Verpfänder kann verlangen, daß das Pfand hinterlegt oder, falls es sich dazu nicht eignet, an einen vom Gerichte zu bestellenden Verwalter abgeliefert wird, wenn der Pfandgläubiger die Rechte des Verpfänders erheblich verletzt und trotz Abmahnung des Verpfänders in diesem Verhalten fortfährt (§ 1217 Abs. 1, R.G. über die freiw. Gerichtsbarkeit § 165). Auch kann der Verpfänder statt der Hinterlegung oder Auslieferung an den Verwahrer die Rückgabe des Pfands gegen Befriedigung des Pfandgläubigers fordern; dabei darf, wenn die Pfandforderung unverzinslich und noch nicht fällig ist, der Zwischenzins abgezogen werden (§ 1217 Abs. 2).

4. Ist der Verderb des Pfandes zu befürchten, so hat dies der Pfandgläubiger dem Verpfänder anzuzeigen, wofern nicht diese Anzeige unthunlich ist (§ 1218 Abs. 2). Auch kann in diesem Falle sowie bei Besorgnis einer wesentlichen Wertverminderung z. B. wegen Preisrückgangs der Verpfänder das Pfand gegen anderweitige Sicherheit, die aber nicht durch Bürgen geleistet werden kann, einlösen (§§ 1218 Abs. 1, 232 Abs. 1).

5. Erscheint durch die erwähnten Umstände die Sicherheit des Pfandgläubigers als gefährdet, so hat er zu seiner Sicherung das Recht des Pfandverkaufs. Der Verkauf ist dem Verpfänder zuvor anzudrohen, außer wenn bei dem Verderbe ausgesetzten Sachen Gefahr im Verzuge ist; bei drohender Wertminderung muß der Pfandgläubiger eine angemessene Frist zu anderweitiger Sicherheitsleistung angesetzt

---

[1]) Protokolle, Band III, S. 454 ff., Motive, Band III, S. 810 ff.

haben und muß diese Frist verstrichen sein. Den vollzogenen Verkauf hat der Gläubiger dem Verpfänder unverzüglich anzuzeigen, widrigenfalls er zum Schadensersatze verpflichtet ist. Androhung, Fristbestimmung und Anzeige vom Verkaufe dürfen unterbleiben, wenn sie untunlich sind (§§ 1219, 1220).

Der Verkauf geschieht in öffentlicher Versteigerung (§ 1219 Abs. 1); börsen- und marktgängige Waren dürfen auch durch einen öffentlich ermächtigten Handelsmäkler oder eine zu öffentlichen Verkäufen befugte Person aus freier Hand zum laufenden Preise verkauft werden (§ 1221).

Der Erlös tritt an die Stelle des Pfands; auf Verlangen des Verpfänders ist er zu hinterlegen (§ 1219 Abs. 2).

6. Wegen seiner Verwendungen auf die Pfandsache kann der Pfandgläubiger ebenso wie der Nießbraucher Ersatz nach den Vorschriften über die Geschäftsführung ohne Auftrag beanspruchen (§§ 1216, 1049, 683—685, 670; vgl. oben S. 104). Die Ersatzforderung geht gegen den Verpfänder und ist dadurch besonders geschützt, daß sich das Pfandrecht auf sie erstreckt (§ 1210 Abs. 2). Eine Einrichtung, mit der er das Pfand versehen hatte, darf der Pfandgläubiger wegnehmen (§ 1216). Diese Ansprüche auf Ersatz oder Gestattung der Wegnahme verjähren in sechs Monaten von der Beendigung des Pfandverhältnisses (§§ 1226, 558 Abs. 2).

7. Für verschuldete Verschlechterungen oder Veränderungen der Pfandsache hat der Pfandgläubiger dem Verpfänder Schadensersatz zu leisten. Die Ersatzansprüche des Verpfänders verjähren, wenn er die Sache zurückerhalten hat, in sechs Monaten von der Zurückerlangung ab, sonst erst zusammen mit dem Anspruch auf Rückgabe des Pfands (§ 1226 Abs. 2, 3).

8. Nach Erlöschen des Pfandrechts ist der Pfandgläubiger verpflichtet, das Pfand dem Verpfänder zurückzugeben (§ 1223).

III. Geht das Pfandrecht durch Übertragung der Pfandforderung auf einen neuen Pfandgläubiger über (§ 1250), so tritt dieser mit Erlangung des Besitzes kraft Gesetzes an Stelle des bisherigen Pfandgläubigers in dessen Schuldverhältnis zu dem Verpfänder ein. Für den von ihm zu leistenden Schadensersatz haftet neben ihm der frühere Gläubiger als selbstschuldnerischer Bürge, wenn er die Pfandforderung abgetreten hatte, ohne dazu kraft Gesetzes verpflichtet zu sein (§ 1251 Abs. 2). Bei einer Überweisung der Pfandforderung im Vollstreckungswege kann der Pfandgläubiger die Herausgabe des

Pfands verweigern, so lange ihm nicht wegen dieser Haftung Sicherheit geleistet worden ist (C.P.O. § 838).

§ 23.

2. Gesetzliche Pfandrechte.

I. Für die gesetzlichen Pfandrechte bestimmt § 1257:

Die Vorschriften über das durch Rechtsgeschäft bestellte Pfandrecht finden auf ein kraft Gesetzes entstandenes Pfandrecht entsprechende Anwendung.

II. Die gesetzlichen Pfandrechte des bürgerlichen Gesetzbuchs sind:

1. Das Pfandrecht des Vermieters eines Grundstücks oder von Wohnräumen oder andern Räumen an den eingebrachten Sachen des Mieters, soweit sie nicht der Pfändung entzogen sind (C.P.O. § 811). Das Pfandrecht besteht für die Forderung aus dem Mietverhältnis; ausgenommen sind nachträglich entstehende Entschädigungsforderungen und die Forderung wegen des Mietzinses für eine spätere Zeit als das laufende und das folgende Mietsjahr (§§ 559, 580, 563).

2. Das Pfandrecht des Verpächters eines landwirtschaftlichen Grundstücks an den eingebrachten Sachen des Pächters und den Früchten des Grundstücks, auch soweit sie der Pfändung entzogen sind (C.P.O. § 811 Ziff. 4). Es besteht für die gesamte Pachtzinsforderung und die bereits begründeten Ersatzansprüche (§ 585).

3. Das Pfandrecht des Pächters eines Grundstücks, der das Inventar mitgepachtet hat, an den in seinen Besitz gekommenen Inventarstücken für seine Forderungen wegen dieses Inventars (§ 590).

4. Das Pfandrecht des Gastwirts an den eingebrachten, der Pfändung nicht entzogenen Sachen des Gastes wegen der Forderungen für Wohnung und sonstige dem Gaste zur Befriedigung seiner Bedürfnisse gemachte Leistungen (§§ 704, 559 Satz 3, 560—563).

5. Das Pfandrecht des Unternehmers an den von ihm hergestellten oder ausgebesserten Sachen des Bestellers, die bei der Herstellung oder Ausbesserung in seinen Besitz gelangt sind, wegen seiner Forderungen aus dem Werkvertrag (§ 647).

6. Das Pfandrecht des Berechtigten an den zum Zwecke der Sicherheitsleistung hinterlegten Geldern oder Wertpapieren (§ 233).

Hierzu kommen die gesetzlichen Pfandrechte nach Handelsrecht:

für den Kommissionär (H.G.B. § 397),[1]) Spediteur (H.G.B. § 410), Lagerhalter (H.G.B. 421), Frachtführer (H.G.B. §§ 440, 443, R.G. über die Binnenschiffahrt § 26), Verfrachter (H.G.B. §§ 623, 674), Schiffseigner (R.G. über die Binnenschiff. § 77); ferner für die Schiffsgläubiger (H.G.B. 754, 755, R.G. über Binnenschiff. §§ 102 ff.), die Vergütungsberechtigten bei der Haverei (H.G.B. § 725, R.G. über Binnenschiff. § 89), wegen Berge- und Hilfslohns (H.G.B. § 751, R.G. über Binnenschiff. § 97, R.G. über die Flößerei § 28, Strandungsordnung §§ 20, 21), für den Entschädigungsberechtigten bei Beschädigung durch ein Floß (R.G. über Flößerei § 22).

III. Diese gesetzlichen Pfandrechte entstehen nicht durch Verpfändungsvertrag (§§ 1205, 1206), sondern nach den besonderen Bestimmungen für die einzelnen Fälle. Ein allgemeiner Schutz des guten Glaubens nach Maßgabe der §§ 1207, 1208 besteht nicht:[2]) daher hat z. B. der Vermieter an den vom Mieter eingebrachten ihm nicht gehörenden Sachen trotz gutem Glauben kein Pfandrecht.[3]) Das Gegenteil ist ausdrücklich bestimmt für die kaufmännischen gesetzlichen Pfandrechte des Kommissionärs, Spediteurs, Lagerhalters, Frachtführers, Verfrachters (H.G.B. §§ 366, 623).[4])

IV. Auf die kraft Gesetzes entstandenen Pfandrechte sind die Vorschriften über das Vertragspfand nur zum Teil anwendbar.

1. Der Umfang der Pfandhaftung bestimmt sich im allgemeinen nach §§ 1210—1212, 1222, vgl. 559, 585. Für den Rang entscheidet der Zeitpunkt der Entstehung; jedoch kann ein jüngeres Vertragspfand nach Maßgabe des § 1218 dem älteren gesetzlichen Pfandrechte vorgehen.[5]) Die Rangordnung kaufmännischer Pfandrechte ist durch das Handelsgesetzbuch geregelt (H.G.B. § 443).

2. Seine Befriedigung erlangt der Pfandgläubiger nach den gewöhnlichen Vorschriften über den Pfandverkauf (§§ 1228—1247).[6]) Der Mieter, Pächter, Verpächter, Reisende können die Geltendmachung des Pfandrechts dadurch abwehren, daß sie dem Gläubiger wegen

---

[1]) Über das Recht des Kommissionärs, sich aus dem ihm gehörigen Kommisionsgute nach den Vorschriften über das Pfandrecht zu befriedigen, vgl. H.G.B. § 398.

[2]) Vgl. Motive, Band II, S. 405.

[3]) Vgl. Protokolle, Band II, S. 208 ff.

[4]) Daß aus diesen Ausnahmebestimmungen auf die gegenteilige Regel zu schließen sei, betont mit Recht: Biermann, Kommentar zu § 1257 Anm. 2.

[5]) Vgl. auch Fischer-Henle, zu § 1257 Anm. 3.

[6]) Vgl. H.G.B. §§ 368, 623.

seiner Forderung Sicherheit leisten; auch können sie jede einzelne Sache durch Sicherheitsleistung in Höhe ihres Werts von der Pfandhaftung befreien (§§ 562, 581, 590, 704).

3. Die Vorschriften über das Vertragspfand, die Besitz des Pfandgläubigers voraussetzen, sind auf die gesetzlichen Pfandrechte, bei denen der Pfandgläubiger das Pfand nicht besitzt, nicht anwendbar: so die Bestimmungen über die Verpflichtung des Gläubigers zur Verwahrung des Pfands (§ 1215) und zur Rückgabe der Pfandsache nach Erlöschen des Pfandrechts (§ 1223 Abs. 1), über den Schutz des Verpfänders bei Verletzung seiner Rechte (§ 1217) und bei drohendem Verderb der Pfandsache (§ 1218), über den Sicherungsverkauf (§§ 1219—1221). Auch bei dem gesetzlichen Pfandrechte des Pächters an den in seinen Besitz gelangten Inventarstücken wird das Recht zum Verkaufe bloß um der Sicherung des Pächters als Pfandgläubigers willen auszuschließen sein, da es sich mit seiner sonstigen Rechtsstellung und namentlich mit seiner Verpflichtung zur Erhaltung des Inventars (§ 588 Abs. 2, vgl. § 586 Abs. 2) nicht verträgt: nur soweit es eine ordnungsmäßige Wirtschaft mit sich bringt, kann er über die einzelnen Stücke verfügen (§ 588 Abs. 1).

4. Während bei einer Schuldübernahme das Vertragspfandrecht erlischt, wenn nicht der Pfandeigentümer in die Fortdauer eingewilligt hat, bleiben die gesetzlichen Pfandrechte auch ohne solche Einwilligung bestehen (vgl. § 418 Abs. 1).

5. Das Pfandrecht des Vermieters, des Verpächters, des Gastwirts erlischt, wenn die verhafteten Sachen mit ihrem Wissen und ohne ihren Widerspruch von dem Grundstücke weggebracht worden sind. Der Widerspruch ist wirkungslos und das Nichtwissen unerheblich, wenn die zurückgebliebenen Sachen zur Sicherung offenbar ausreichen oder die Wegbringung der Sachen im regelmäßigen Geschäftsbetriebe geschieht oder den gewöhnlichen Lebensverhältnissen des Pfandeigentümers entspricht (§§ 560, 704). Die zuletzt angeführte Vorschrift wird mit Vorsicht zu handhaben sein, wenn nicht, zumal beim Gastwirt,[1]) der zugedachte Pfandschutz hinfällig werden soll.[2]) Bei unbefugter Wegschaffung der Sachen erlischt das Pfandrecht, wenn nicht innerhalb eines Monats nach erlangter Kenntnis der Pfandgläubiger seinen Anspruch auf Herausgabe zum Zwecke der

[1]) Vgl. Dernburg, bürgerliches Recht, Band II, S. 529.

[2]) Über das weitreichende Recht zur Selbsthilfe vgl. §§ 561, 706.

Zurückbringung, oder falls der Belastete ausgezogen ist, auf Überlassung des Besitzes bei Gericht geltend macht (§§ 561 Abs. 2, 704).

§ 24.
3. Schiffspfandrecht.

1. Das Schiffspfandrecht ist aus Zweckmäßigkeitsgründen in den §§ 1260—1271 besonders geregelt. Die Vorschriften gelten für das Pfandrecht an Schiffen und Schiffsparten, wofern das Schiff in das Schiffsregister eingetragen ist (§§ 1259, 1272);[1]) bei nicht eingetragenen Schiffen gelten die gewöhnlichen Bestimmungen über das Pfandrecht an beweglichen Sachen.

2. Die Bestellung des Schiffspfandrechts entspricht der Bestellung einer Sicherungshypothek (vgl. §§ 1184 ff.). Sie erfordert:

a) Abschluß eines Verpfändungsvertrags zwischen dem Eigentümer des Schiffs und dem Pfandgläubiger. Zur Verpfändung des Schiffs für die Forderung aus einer Schuldverschreibung auf den Inhaber genügt die Verpfändungserklärung des Eigentümers gegenüber dem Registeramte (§§ 1270, 1188). Ist der im Schiffsregister als Eigentümer Eingetragene in Wirklichkeit nicht der Eigentümer, so entsteht trotz gutem Glauben des Pfandgläubigers kein Pfandrecht (§§ 1260 Abs. 1, 873 Abs. 2, 878);

b) Eintragung des Pfandrechts in das Schiffsregister (§ 1260 Abs. 1). Bei der Eintragung ist der Gläubiger, der Geldbetrag der Forderung, der etwaige Zinsfuß anzugeben.

Das Schiffspfandrecht kann auch nach Art der Maximalhypothek für einen bestimmten Höchstbetrag bestellt werden unter Vorbehalt der Feststellung der Forderung (§ 1271, vgl. § 1190 Abs. 1, 2).

Bei der Verpfändung für Forderungen aus Inhaberschuldverschreibungen, Wechseln, andern indossabeln Papieren kann als Vertreter für die jeweiligen Gläubiger ein Treuhänder bestellt werden, der ins Schiffsregister einzutragen ist (§§ 1270, 1189).

3. Das Schiffspfand haftet für die Forderung bis zu dem eingetragenen Betrage, für die vertragsmäßigen Zinsen nach dem eingetragenen Zinsfuße, für gesetzliche Zinsen, für die Kosten der Kündigung und der Beitreibung aus dem Pfande (§§ 1264 Abs. 1, 1118). Ist das Pfand für einen Höchstbetrag bestellt, so sind in ihn die Zinsen einzurechnen (§ 1271 Abs. 2).

[1]) Vgl. auch RG. über die freiw. Gerichtsbarkeit, §§ 100—124.

Das Pfandrecht erstreckt sich auch auf das dem Eigentümer des Schiffs gehörige Zubehör (§§ 1265, 1121, 1122, H.G.B. § 478).

4. Für die Rangordnung mehrerer eingetragener Gläubiger entscheidet der Inhalt des Schiffsregisters, im Zweifel richtet er sich nach der Reihenfolge der Eintragungen (§§ 1261, 879—881, 1151; R.G. über freiw. Gerichtsbarkeit, § 114). Den eingetragenen Gläubigern gehen die Schiffsgläubiger vor (H.G.B. §§ 776, 754 ff.; Binnenschiff.G. §§ 109, 102 ff.).

5. Seine Befriedigung hat der Pfandgläubiger auf Grund eines Vollstreckungstitels durch Zwangsversteigerung zu suchen (§ 1268; C.P.O. § 870 Abs. 2; Zw.V.G. §§ 162—171).

6. Das Pfandrecht erlischt wie durch die Zwangsversteigerung auch durch Notverkauf des Schiffs durch den Schiffer (H.G.B. §§ 764, 773). Es erlischt nicht durch gutgläubigen Erwerb des Schiffs, so lange das Pfandrecht im Schiffsregister eingetragen ist; ist es aber zu Unrecht gelöscht, so erlangt der gutgläubige Erwerber stets Befreiung von dem Pfandrechte, auch wenn er das Eigentum ohne Übergabe erworben hatte oder wenn das Pfandrecht im Falle der Übereignung durch Abtretung des Herausgabeanspruchs dem Besitzer zustand. Belastungen des Schiffs mit einem Nießbrauch oder Pfandrechte sind dem eingetragenen Pfandgläubiger gegenüber wirkungslos; ist sein Recht zu Unrecht gelöscht, so gehen diese Rechte, wenn sie in gutem Glauben erworben sind, seinem Rechte vor. Das Gleiche gilt, wenn ein dem gelöschten Pfandrechte im Range nachstehendes Pfandrecht auf einen Dritten übertragen wird (§§ 1262, 936, 1208; H.G.B. § 474).

7. Wie beim Grundbuche kann Berichtigung des Schiffsregisters beantragt werden, wenn sein Inhalt mit der wirklichen Rechtslage im Widerspruche steht (§§ 1263, 894, 895, 897, 898); unbekannte Gläubiger können wie bei der Hypothek im Aufgebotsverfahren ausgeschlossen werden (§§ 1269, 1170, 1171).

Druck von A. W. Hayn's Erben, Berlin und Potsdam.

FSC
www.fsc.org
MIX
Papier | Fördert
gute Waldnutzung
FSC® C083411

Kolibri 360 GmbH
Ferdinand-Jühlke-Straße 7
99095 Erfurt, Deutschland
produktsicherheit@kolibri360.de